Sind unsere Gedanken frei? Vielleicht …
Thorsten Havener zeigt, wie wir in Gesichtern Emotionen lesen und Lügen erkennen können. Humorvoll und charmant nimmt er uns mit auf eine spannende Reise in die magische Welt der Suggestion, Beobachtung und Wahrnehmung.

«Der Gedankenleser, der in Wahrheit ein ganz feiner, brillanter Beobachter ist.» (Markus Lanz)

«Unheimlich – Thorsten Havener guckt in die Gehirne fremder Menschen.» (Bild)

Thorsten Havener absolvierte ein Studium zum Diplom-Übersetzer für Englisch und Französisch an den Universitäten Saarbrücken und Monterey, Kalifornien. Heute ist er Deutschlands bekanntester Gedankenleser und begeistert regelmäßig das Publikum mit seiner Bühnenshow. Außerdem hält er Vorträge und gibt Tagesseminare. Er lebt zusammen mit seiner Familie in der Nähe von München. Bei Rowohlt erschienen auch seine Bücher «Ich weiß, was du denkst» und «Denken Sie nicht an einen blauen Elefanten!». Mehr über den Autor erfahren Sie unter www.thorsten-havener.com.

THORSTEN HAVENER

DENK DOCH, WAS DU WILLST

Die Freiheit der Gedanken

Rowohlt Taschenbuch Verlag

Liebe Leserin, lieber Leser,
wie soll ich Sie eigentlich ansprechen? Soll ich immer die masku-
line und feminine Form der Anrede benutzen? Ich habe genau das
ein paar Seiten lang versucht und nach kurzer Zeit verworfen. Ich
fand diesen Ansatz einfach nicht elegant. Aus diesem Grund habe
ich mich entschieden, nur die männliche Form zu wählen. Ich tue
das in dem Wissen, bestimmten feministischen Forderungen nicht
zu entsprechen. Dennoch achte ich Frauen sehr, allein fünf leben
in meiner engeren Umgebung, das muss als Beweis genügen. Ich
hoffe, Sie und auch Alice Schwarzer werden mir diese Vereinfa-
chung nachsehen. Schließlich habe ich mir Unterstützung von
dem Sprachexperten Wolf Schneider geholt. «Zu welch lächerli-
cher Umständlichkeit es führen kann, wenn wir die feministische
Forderung konsequent erfüllen, dafür hat die Arbeitsplatzbeschrei-
bung im Norddeutschen Rundfunk ein schönes Beispiel geliefert.
Die geht nämlich so: ‹Der Intendant bzw. die Intendantin ernennt
seinen Stellvertreter bzw. seine Stellvertreterin bzw. ihren Stellvertreter bzw. ihre Stellvertreterin.›»
Ich hoffe auf Ihr Verständnis, vielen Dank.

Veröffentlicht im Rowohlt Taschenbuch Verlag,
Reinbek bei Hamburg, März 2013
Copyright © 2011 by Rowohlt Verlag GmbH,
Reinbek bei Hamburg
Fotos im Innenteil Thorsten Wulff
Lektorat Mendlewitsch + Meiser, Düsseldorf
Umschlaggestaltung ZERO Werbeagentur, München,
nach einem Entwurf der Hafen Werbeagentur, Hamburg
(Fotonachweis: Armin Zedler)
Satz Documenta PostScript (InDesign)
bei KCS GmbH, Buchholz bei Hamburg
Gesamtherstellung CPI – Clausen & Bosse, Leck
Printed in Germany
ISBN 978 3 499 62780 4

Inhalt

Ein bisschen mehr Herz
von Enno Bunger

Wenn man mal so betrachtet
und sich die Menschen ansieht,
wie sie sich selbst verachten,
was für Mienen sie zieh'n,
wovon sind sie so müde,
was nimmt sie so aus,
warum seh'n sie so trübe und unglücklich aus?

Wo sind die guten Gedanken,
die Hoffnung auf mehr,
warum machen wir uns unser Leben so schwer?
Ist es wirklich unmöglich,
sich selbst zu lieben,
ist es wirklich nötig, sich selbst zu verbiegen?

Auch mitten im Frühling siehst du nur den Herbst.
Alles, was du bräuchtest: ein bisschen mehr Herz,
ein bisschen mehr Herz.
Ein bisschen mehr Herz.

Das Leben ist ein Geschenk,
komm, pack es ein und aus,
warum probierst du nicht täglich
was völlig Neues aus?
Wieder Kind sein zu dürfen,
über Schatten zu springen,

ein paar Bäume umarmen,
tanzen, lachen und singen.

Verlier nicht die Hoffnung,
bitte gib dich nicht auf!
Hör nicht auf zu tanzen,
halt den Himmel nicht auf.

Erfüll deine Träume,
musst du durch dick und dünn,
über Stacheldrahtzäune,
durch Wellen und Wind.

Alles, was wir bräuchten: nur ein bisschen mehr Herz.
Alles, was wir bräuchten: nur ein bisschen mehr Herz.
Alles, was wir bräuchten: nur ein bisschen mehr Herz.
Alles, was wir bräuchten: nur ein bisschen mehr Herz.
Ein bisschen mehr Herz.

Einige warme Worte zur Entschleunigung

Dieses Mal fängt alles in Würzburg an. Ein Zufall. Ich habe das Szenario nicht bewusst herbeigeführt. Ich sitze nun mal gerade im Zug nach München und fahre nach kurzem Zugstopp weiter bis zu meinem Ziel. Am Tag zuvor habe ich einen Auftritt in Hannover hinter mich gebracht. Jetzt lehne ich mich entspannt zurück und lasse meine Gedanken schweifen.

Schon seit Wochen versuchte ich, etwas für mein Buchmanuskript zu Papier zu bringen, aber ich konnte nicht anfangen zu schreiben, obwohl ich merkte, dass ich zeitlich langsam in Zugzwang geriet. (Das Wortspiel an dieser Stelle ist auch nicht beabsichtigt, passt aber gerade wunderbar. Erst wollte ich es rausnehmen, aber nach dem zweiten Lesen kam es wieder rein. Automatisch. Weil's einfach doch so schön ist.) Der Anfang ist immer das Schwerste. Ich fand einfach nicht den richtigen Einstieg – und gerade der ist doch besonders wichtig. Jeder Autor hat geradezu panische Angst, seine Leser schon gleich am Anfang zu enttäuschen. Jetzt, auf der Fahrt von Hannover nach München – kurz vor Würzburg –, kam der Geistesblitz, um das zu verhindern. Endlich. Der entscheidende Dreh. Völlig aus dem Nichts. Wobei, so ganz stimmt das auch nicht. Mein Blitz wurde durch ein Lied ausgelöst. Das machte nur klar, was mich gerade am meisten bewegte. Es war nicht irgendein Lied, das das bewirkte, sondern eines meiner absoluten Lieblingslieder: Es ist ein Song von Jason Mraz.

Wie dem auch sei, ich hörte die Musik, schaute in die

mir mittlerweile sehr vertraute Landschaft. Ich glaube, ich kenne inzwischen jeden Baum, der an deutschen Bahnlinien steht. Wie so oft hänge ich meinen Gedanken nach. Dieses Mal denke ich an meinen letzten Geburtstag, den siebenunddreißigsten. Es war kein allzu schöner Geburtstag: Ich musste morgens wegen Herzrasen zum Arzt. Siebenunddreißig ist, wie ich finde, zu früh, um mit so was zum Doktor zu kommen. Mein Hausarzt untersuchte mich und stellte fest, dass ich körperlich ansonsten in bester Verfassung war. Mein Problem habe seinen Ursprung in meinem Kopf, meinte er nur. Das alles sei nur deshalb passiert. Und das bei mir! Und wo gerade ich doch der Experte dafür bin und wissen sollte, was sich in den Köpfen so abspielt, auch in meinem.

Ich glaube, es war der Schriftsteller Michael Ende, der einmal gesagt hat, der Wegweiser weise nur den Weg, er müsse ihn allerdings nicht selbst gehen. Ich dachte immer, ich hätte meine Gedanken sehr gut im Griff, sei Herr der Lage und wisse alles über mich. Und jetzt das.

Mein Hausarzt fragte mich, ob ich derzeit viel unterwegs sei. Ich erklärte ihm daraufhin, dass ich gerade eine Tournee absolviere, viele Vorträge halte und über lange Zeit immer nur ein oder zwei Tage am Stück zu Hause verbracht hätte. Danach fragte er mich, ob ich nachts durchschlafe. «Ich habe drei Kinder», antwortete ich nur, «und wenn ich auf Tour bin, bin ich oft bis spät in die Nacht beschäftigt.»

Daraufhin grinste er mich an und erzählte mir folgende Geschichte: «Bei einer Himalaja-Expedition weigerten sich nach drei Tagen die Sherpas wie aus heiterem Himmel weiterzulaufen. Die britischen Auftraggeber waren sehr aufgebracht darüber. Denn die Gruppe war schneller vorangekommen als ursprünglich geplant, und die Briten wollten diesen Vorsprung weiter ausbauen. Dennoch beharrten die Sherpas darauf und bewegten sich keinen Zentimeter mehr. Sie saßen da und lehnten es ab. Ohne Angabe von Gründen.

Die Auftraggeber versuchten es mit gutem Zureden und zahllosen Argumenten. «Seid ihr zu müde zum Weiterlaufen?» – «Nein.» – «Habt ihr körperliche Probleme? Ist das Gepäck zu schwer?» – «Nein.» – «Wollt ihr mehr Geld? Wir zahlen euch eine Belohnung, wenn ihr nur weiterlauft!» – «Nein danke.» Die Sherpas blieben sitzen und tranken ihren Tee. Dann endlich ihre Erklärung: «Wir sind eine Strecke, die wir normalerweise in fünf Tagen zurücklegen, in nur drei Tagen gelaufen – unsere Körper sind jetzt zwar hier, wir müssen aber eine Pause machen, damit unsere Seelen nachkommen können!»

Ein schlauer Mann, mein Arzt. Er gab mir keine Medikamente, sondern nur diese Geschichte mit auf den Weg. Sie war eines meiner schönsten Geburtstagsgeschenke. Und sie hat mich verändert. Mir wurde Folgendes klar: Auch die besten Gedanken und alles Wissen, das man sich darüber aneignen kann, all das bringt uns nicht wirklich weiter, wenn wir uns nicht die Zeit nehmen, es auch wirken zu lassen. Ich saß da also beim Arzt, und obwohl ich den schönsten Beruf der Welt habe, eine Familie, die mich immer auffängt, in allem unterstützt, und obwohl ich mich bislang bester Gesundheit erfreute, ging es mir nicht gut. Ein einziger Faktor stimmte nicht in meinem Leben, aber der hatte Gewicht: Ich war nicht mehr Herr meiner Zeit. Ich war Opfer meiner Anforderungen geworden und nicht mehr der Handelnde, sondern der Getriebene.

Ein weiteres Mal fragte ich mich, wie äußere Einflüsse uns dazu bringen können, Dinge zu tun, die wir eigentlich gar nicht tun wollen. Ich kenne nun wirklich viele Methoden, um die Gedanken anderer und auch meine eigenen zu beeinflussen. Wieso griff das gerade nicht? Und dennoch: Ich glaube, nur deshalb konnte ich überhaupt die Reißleine im richtigen Moment ziehen. Über eine lange Zeit hatte ich ja zu Vorhaben gesagt, die ich eigentlich nicht tun wollte, und nicht bemerkt, in welchen Teufelskreis ich geriet. Diese Frage brachte mich dann auch zum Thema dieses Buchs – dem hoffentlich fulminanten Abschluss meiner Denktrilogie – und zu den zentralen Aspekten: Welche Methoden beeinflussen uns? Wie beeinflussen wir andere, und wie können wir uns vor Manipulationsversuchen unserer Mitmenschen schützen?

Ich mache jetzt etwas, was ich noch nie zuvor getan habe: Ich verrate Ihnen einen Zaubertrick. Einen ziemlich guten sogar. Mit diesem Kniff hat es ein Jugendfreizeitleiter einmal geschafft, mir schlaflose Nächte zu bereiten. Das war im Sommer 1986. Kurz zuvor war mein Bruder verstorben. Es war eigentlich gerade keine schöne Zeit. Vielleicht waren gerade deshalb meine Ferien mit ihm in den französischen Sevennen so wichtig für mich und – wie sich sehr viel später noch zeigen sollte – für meinen gesamten Lebensweg.

Ich begeisterte mich zu dieser Zeit mehr und mehr für die Zauberei. Umso größer war meine Freude, als ich ihn, einen Könner in Sachen Kartentricks, kennenlernte. Er hatte so richtig gute drauf. Sein Name ist Jörg Roth. Ich habe seit über zwanzig Jahren nichts mehr von ihm gehört. Trotzdem denke ich oft an die gemeinsamen Wochen und ein besonders schönes Erlebnis.

In den Trick, mit dem er mich am besten getäuscht hat, möchte ich Sie einweihen. Vielleicht haben Sie Lust, ihn einzuüben und irgendjemanden damit genauso zu verblüffen wie er mich damals.

Der ultimative Kartentrick, hier ist er: Es war an einem schönen sonnigen Sommermorgen im Zeltlager. Wir saßen nach dem Frühstück unter einem Baum und spielten Karten. Plötzlich sagte Jörg zu mir: «Nimm doch einfach mal eine Karte aus dem Kartenspiel und schau sie dir genau an.» Es war die Herz-Sieben. Danach sollte ich den vor mir liegenden Spielkartenstapel irgendwo abheben, meine Karte auf den abgehobenen Teil obendrauf legen und den Rest des Spiels daraufsetzen. Jetzt durfte ich die Spielkarten mischen. Nachdem ich damit fertig war, sah er mich ernst an. «Ich habe keine Ahnung, welche Karte du gewählt hast, und ich weiß auch nicht, wo deine Karte im Stapel liegt. Die richtige Karte zu finden ist wirklich schwierig, nicht wahr? Aus diesem Grund habe ich drei Versuche frei, einverstanden?» – «Na klar», antwortete ich.

Er fächerte das Spiel vor sich auf, hob ab und zeigte mir die unterste Karte. Sie war es nicht. Er nahm die Karte aus dem Spiel und legte sie mit der Rückseite nach oben auf den Boden vor mir hin. «Gut, ich habe ja noch zwei Versuche.» Wieder schaute er sich die Spielkarten an. Zweimal hintereinander zeigte er mir falsche Karten. Schließlich lagen vor mir auf dem Boden auf einem kleinen Stapel drei Karten. Die Herz-Sieben war nicht dabei.

Nochmals zeigte er mir nacheinander die drei Karten auf dem Boden und legte sie in einer Reihe vor mir aus. Jetzt durfte ich aus den dreien eine auswählen. Er schob sie verschwörerisch zu den anderen. Er sah mich konzentriert an und sagte, ich habe die Herz-Sieben gewählt. Hammer! Dann bat er mich, die Karte vor mir umzudrehen. Ich flippte aus. Die Karte hatte sich verwandelt: Es war meine Herz-Sieben.

Wow, das war ein Hammer. Ich war selten zuvor derart angenehm hinters Licht geführt worden. Wie hatte er das nur gemacht? Ein paar Monate später verriet er mir den Trick. Er ist ein Paradebeispiel für die Kunst der Beeinflussung. Sie brauchen dafür nur ein Kartenspiel und einen Mitspieler. Den brauchen Sie beim Zaubern übrigens immer! Man kann sich nur so schwer selbst verblüffen.

Lassen Sie das Kartenspiel vor dem Trick, wie es ist, oder mischen Sie die Karten, wenn Sie wollen. Nehmen Sie sie dann wieder an sich, fächern Sie sie mit der Rückseite nach oben liegend auf und bitten Sie Ihr Gegenüber, eine Karte zu wählen. Stellen Sie sicher, dass es sich die Karte auch merkt! Unterschätzen Sie diesen Rat nicht. Es gibt nichts Blöderes, als wenn der Mitspieler am Schluss nicht mehr weiß, welche Karte er hatte. Ich spreche aus Erfahrung. Da arbeitet man minutenlang hart auf den krönenden Abschluss hin und fragt: «Welche Karte haben Sie gewählt?» Die Antwort: «Ehm ... äh ...?»

Während sich Ihr Zuschauer seine Karte anschaut, legen Sie alle restlichen mit der Rückseite nach oben in Ihre linke Hand. Sobald er fertig ist und Sie wieder anschaut, heben Sie mit Ihrer rechten Hand vom Stapel in der linken Hand ungefähr die Hälfte ab. Halten Sie diese Karten mit dem Daumen an der einen schmalen Kante und mit Mittelfinger und Ringfinger an der anderen. Die Karten in der linken

Hand zeigen Sie Ihrem Zuschauer. Jetzt kommt der erste Trick: Drehen Sie Ihre rechte Hand leicht im Handgelenk und zeigen Sie mit Ihrem rechten Zeigefinger auf die Karten in der linken Hand und bitten Sie: «Leg deine Karte hierhin zurück.» Bei dieser Geste und diesen Worten schauen Sie auf die Karten in der rechten Hand. Dabei sehen Sie die unterste Karte im Stapel Ihrer rechten Hand, sie springt Ihnen so regelrecht ins Auge. Wenn Sie die Bewegung beiläufig machen, wird kein Mensch bemerken, dass Sie sich gerade die unterste Karte angeschaut haben.

Hat Ihr Zuschauer jetzt seine Karte auf den Stapel in der linken Hand gelegt, positionieren Sie die Karten aus Ihrer rechten Hand auch auf den Stapel. Damit haben Sie schon einen großen Vorsprung, Sie kennen nämlich die Karte über der ausgewählten. Man nennt sie auch Leitkarte. Eine feine Sache, leider ist die Strategie aber schon recht bekannt. Aus diesem Grund bedienen Sie sich jetzt einer superguten Finte: Sie drücken das Kartenspiel Ihrem Zuschauer in die Hand und lassen ihn mischen. Das war mein Ernst. Jetzt bitte nur die Ruhe bewahren. Sie müssen allerdings sicherstellen, dass Ihr Mitspieler das Kartenspiel nicht so perfekt wie ein amerikanischer Pokerprofi mischt, sondern wie ein mittelmäßiger bayerischer Schafkopfspieler. Im Fachjargon: Es darf kein Riffelmischen werden, sondern man muss beim Überhandmischen bleiben. Das können Sie dadurch erreichen, dass Sie die Mischbewegung mit Ihren Händen vormachen, während Sie ihn bitten, es Ihnen gleichzutun. Falls Sie dem Braten nicht trauen, mischen Sie einfach selbst. Die Wahrscheinlichkeit, dass Leitkarte und gewählte Karte beim Überhandmischen voneinander getrennt werden, ist sehr gering. Es besteht zwar ein kleines Risiko – aber gerade das macht die Sache ja erst so richtig spannend, nicht wahr?

Jetzt nehmen Sie die Karten wieder an sich und schauen sie in aller Ruhe durch. Fächern Sie die Karten vor sich auf und suchen Sie Ihre Leitkarte. Die Karte darunter ist die gewählte. Die nehmen Sie aber noch nicht aus dem Spiel. Sie nehmen irgendeine andere, legen sie als unterste Karte in das Spiel und zeigen die Ihrem Zuschauer. Er wird natürlich sagen, dass das nicht seine Karte ist. Drehen Sie die Karten jetzt einfach nach unten – die Rückseite zeigt nach oben –, ziehen Sie die unterste Karte ab und legen Sie sie auf den Tisch.

Jetzt fächern Sie die Karten erneut vor sich auf und suchen gezielt nach der gewählten Karte, also die unter Ihrer Leitkarte. Wenn Sie die gewählte Karte gefunden haben, legen Sie noch eine weitere Karte darauf und heben die Karten so ab, dass die des Zuschauers als zweite von unten im Spiel liegt. Vor der gewählten Karte liegt irgendeine andere. Das Spiel sollten Sie jetzt in der linken Hand halten. Drehen Sie das Ganze mit der Bildseite, der Vorderseite, zu Ihrem Zuschauer hin und fragen sie ihn, ob die eben gezeigte Karte seine gewesen ist. Natürlich wird er das verneinen. Seine Karte liegt ja auch genau unter der Karte, die Sie ihm gerade gezeigt haben. Jetzt drehen Sie das Spiel mit der linken Hand parallel zum Tisch. Nun passieren zwei Sachen gleichzeitig: Zunächst nähert sich Ihre rechte Hand Ihrer linken Hand. Im selben Moment ziehen Mittelfinger und Ringfinger der linken Hand die unterste Karte ein paar Millimeter nach hinten. Von oben ist diese Bewegung nicht zu sehen. Wenn Ihre rechte Hand bei den Karten in der linken angekommen ist, zieht sie dann nicht die unterste

Karte, sondern die zweitunterste nach vorne aus dem Spiel und legt sie verdeckt auf den Tisch, genau auf die Karte, die dort schon liegt.

Vor den Augen Ihres Zuschauers haben Sie nun seine gewählte Karte verdeckt auf den Tisch gelegt. Er hat allerdings keinen Schimmer davon. Diesen Griff nennt man im Fachjargon auch Schleifen. Das Schöne daran: Ihr Mitspieler denkt, Sie würden seine Karte noch nicht kennen. Sie wissen aber sowohl um die Karte als auch um deren Position – mehr noch, Sie haben sie bereits vor seinen Augen auf den Tisch gelegt. Dabei schauen Sie so unschuldig wie ein Rehlein – ich liebe solche Momente. Als Letztes legen Sie wieder irgendeine Karte aus dem Spiel nach unten, zeigen sie vor und legen sie auf die anderen beiden Karten, die sich schon auf dem Tisch befinden. Die anderen Spielkarten können Sie jetzt weglegen.

Fassen wir nochmal zusammen: Auf dem Tisch liegen aufeinander drei Karten mit der Rückseite nach oben. Die mittlere ist die des Mitspielers, was der aber nicht weiß, da Sie ein ausgefuchstes Schlitzohr sind, womit er nicht rechnet.

Jetzt kommt die Finte, die mich damals im Zeltlager komplett weggebeamt hat: Sie nehmen die drei Karten vom Tisch mit der Rückseite nach oben in Ihre linke Hand. Die Finger greifen das Spiel an den Längsseiten, gegenüber liegt der Daumen. Jetzt zeigen Sie kurz die unterste Karte vor – betonen Sie, es sei nicht die Karte des Mitspielers – und legen sie – das geben Sie jedenfalls vor – mit der Bildseite nach unten auf den Tisch.

Achtung: Dabei wieder schleifen. Das bedeutet, Sie legen

nicht wirklich die gezeigte Karte auf den Tisch, sondern die des Zuschauers! Jetzt nehmen Sie von den beiden verbleibenden Karten in Ihrer linken Hand eine in die rechte. Die andere bleibt in der linken. Als Nächstes zeigen Sie kurz gleichzeitig beide Karten vor. Dabei sagen Sie scheinheilig: «Und die war's nicht und die auch nicht, oder?» Schauen Sie dabei nicht auf die Karten, sondern Ihrem Mitspieler in die Augen. Glauben Sie mir: Wenn Sie das geschickt und mit Unschuldsmiene machen, wird keiner bemerken, dass Sie eine Karte zweimal vorgezeigt haben! Es hilft zusätzlich, möglichst Karten mit Zahlen dafür auszuwählen. Bildkarten und Asse sind zu auffällig. Nehmen Sie besser Sechsen, Vierer oder Achter.

Auf dem Tisch liegen jetzt drei Karten in einer Reihe. Die mittlere ist die des Zuschauers. Der denkt allerdings, Sie seien auf dem Holzweg, und hat keinen Schimmer von dem, was hier wirklich abläuft. Jetzt kommt die nächste Finte: Sie geben Ihrem Zuschauer das Gefühl, frei wählen zu können. In Wirklichkeit reagieren Sie aber nur immer auf das, was er macht. Ich zeige Ihnen, was ich meine.

Lassen Sie Ihren Zuschauer auf zwei Karten auf dem Tisch zeigen. Jetzt gibt es zwei Möglichkeiten: Er weist auf die beiden äußeren. Bingo! In dem Fall legen Sie die beiden einfach weg. Die mittlere Karte – seine gewählte – bleibt übrig. Er zeigt auf eine der beiden äußeren Karten und dann auf die mittlere. Macht auch nichts. Jetzt legen Sie die Karte, die übrig bleibt, weg, also die äußere. Dann bitten Sie ihn, Ihnen eine Karte zuzuschieben. Falls das jetzt die gewählte Karte ist, kommt die andere weg. Sollte er Ihnen die nicht gewählte Karte entgegenschieben, dann nehmen Sie seelenruhig genau die hoch und legen sie weg.

Merken Sie, was hier gerade läuft? Genau: Egal, was der Zuschauer macht, Sie handeln, als wäre genau das Teil Ihres Auswahlverfahrens und machen in der Art weiter, sodass Sie zu Ihrem Ziel kommen. Seien Sie dabei ganz locker und flexibel. Die Methode ist sehr einfach. Um sie allerdings unauffällig anzuwenden, muss die Präsentation geübt werden und wie geölt ablaufen. Sie können übrigens Ihre Chancen auf einen direkten Treffer erhöhen, wenn Sie bei der Aufforderung, zwei Karten zu zeigen, selbst auf die beiden äußeren Karten weisen.

Wie dem auch sei: Auf dem Tisch liegt nach dieser Prozedur jetzt noch eine einzige Karte, nämlich die Ihres Mitspielers. Bitten Sie ihn, Ihnen tief in die Augen zu schauen und an seine Karte zu denken. Nachdem Sie ihn konzentriert fixiert haben, nennen Sie ihm die richtige Karte. Ich sagte Ihnen doch bereits, dass Sie sich die richtige Karte bis zum Schluss merken müssen, oder? Nach dem ersten verblüfften Blick bitten Sie ihn, die Karte auf dem Tisch umzudrehen ... Halten Sie ein Glas Wasser – oder auch einen Cognac – bereit, Ihr Zuschauer wird das eine oder das andere jetzt brauchen.

Sollten Sie sich jetzt fragen, warum ich diesen Trick schon im Vorwort erkläre: Ganz einfach – ich will diejenigen belohnen, die sich die Mühe machen, es zu lesen. Das machen nämlich nur die wenigsten. Dabei steht gerade im Vorwort viel Wertvolles. Übrigens, die Idee, eine kleine Perle schon im Vorwort zu verstecken, stammt vom englischen Kartenkünstler Guy Hollingworth. Er hat das in seinem Buch «Drawing Room Deceptions» auch so gemacht. Ich fand den Einfall wunderbar.

Damit nur ja niemand, der das Vorwort eigentlich überspringen wollte, beim flüchtigen letzten Blick darauf über
meine schöne geklaute Idee stolpert – das wäre ja dann
unfair den Fleißigen gegenüber –, lasse ich zum Verwir-
ren der Faulen noch ein wenig Text folgen, irgendwas aus
«Wikipedia» wörtlich zitiert und wunderbar langweilig wie
sonst die Vorreden immer. Sind Sie ein ehrlicher Vorwort-
leser gewesen, dann können Sie hier aufhören und mit dem
ersten Kapitel beginnen. Ihnen herzlichen Dank. Wirklich,
hier kommt nichts mehr. Das ist kein blöder Trick. Versprochen.

«Gemäß der klassischen Analyse des Spiels ist im nur
einmal gespielten Gefangenendilemma die einzig rationale
Strategie für einen am eigenen Wohl interessierten Spieler,
zu gestehen und den Mitgefangenen damit zu verraten.
Denn durch seine Entscheidung kann er das Verhalten des
Mitspielers nicht beeinflussen, und unabhängig von der
Entscheidung des Mitspielers stellt er sich immer besser,
wenn er selbst nicht mit dem Mitgefangenen kooperiert.
Diese Analyse setzt voraus, dass die Spieler nur einmal aufeinandertreffen und ihre Entscheidungen keinen Einfluss
auf spätere Interaktionen haben können. Da es sich um ein
echtes Dilemma handelt, folgt aus dieser Analyse aber keine
eindeutige Handlungsanweisung (präskriptive Aussage) für
reale Interaktionen, die einem Gefangenendilemma entsprechen.»

Ich lade Sie ein, dieses Buch als Ihre Auszeit und Möglichkeit, einmal aus dem Alltag auszubrechen, zu nutzen.
Ziehen Sie sich damit zurück in Ihre eigene Welt – und vor
allem: Nehmen Sie sich ausreichend für alles Zeit!

Manipulation an der Haustür

Schon mit achtzehn Jahre, wohnte ich allein in einer eigenen Wohnung. Eines Tages klingelte es an der Haustür, und ein Mann von Mitte zwanzig stand davor. Er fragte, ob ich ihm einige Fragen beantworten würde, es dauere auch nicht lange. Ich willigte ein, und er begann mir etwas zu erzählen und fragte dann: «Würden Sie einem ehemaligen Straftäter helfen, wenn er sicher geläutert wäre?» – «Selbstverständlich würde ich das tun!» – Er wollte dann wissen, ob ich etwas gegen Ostdeutsche hätte. – «Wie kommt man denn auf so was? Alle Menschen sind gleich», war meine spontane Antwort. Ob ich interessiert sei am aktuellen Geschehen in der Welt. «Natürlich, schließlich bin ich ja ein aufgeschlossener Bürger.» Ob ich ebenso interessiert sei an den unterschiedlichsten Berichterstattungen. «Na klar, man kann sich ja nicht genug weiterbilden.»

Bis jetzt hatte er bereits vier Fallen aufgestellt und schon scharfgemacht. Ich hatte keine Ahnung, was tatsächlich abging, und war völlig unvorbereitet auf seine abschließenden Worte. «Ich komme aus den neuen Bundesländern. Ich bin ein ehemaliger Straftäter. Ich habe meine Haft verbüßt und bereue meine Taten zutiefst.» Er sei gerade auf dem Weg, sich am eigenen Haarschopf aus dem Schlamassel zu ziehen, um auf den rechten Weg zurückzufinden. Hierbei könne ich ihm wirklich helfen, versicherte er. Er verkaufte Abonnements von zahlreichen Illustrierten. Da ich ja offensichtlich sehr interessiert sei am Weltgeschehen und auch äußerst hilfsbereit wäre, würde ich ihm sicherlich, ohne zu zögern, helfen und ihm ein Abonnement abkaufen. Die Falle schnappte zu, ich hatte im Handumdrehen den *Stern*, die *Hörzu* und den *Spiegel* abonniert. Ich hatte sogar sekundenlang ein gutes Gefühl dabei. Erst einen Tag später wurde mir klar, dass ich manipuliert worden war. Dieser Hund kam wahrscheinlich noch nicht mal aus Ostdeutschland, und ob er wirklich ein Straftäter gewesen ist, der verurteilt worden war, würde ich nie erfahren. Ich fühlte mich einerseits benutzt, andererseits war ich fasziniert davon, wie dreist ich manipuliert worden war. Heute manipuliere ich selbst Menschen, um meinen Lebensunterhalt zu verdienen, allerdings sind die Betroffenen danach immer besser gelaunt als vorher und wissen, was mit ihnen geschieht.

Letzten Endes wurde ich einfach durch eine Handvoll gutfunktionierender psychologischer Tricks dazu gebracht, etwas zu tun, was mir ungefragt von außen diktiert worden war. Ich wurde beeinflusst, ja geradewegs manipuliert. Das Perfide daran: Ich hatte keine Ahnung, was in diesem Moment passiert. Das ist eines der typischen Merkmale dieser simplen Manipulationstechniken. Hier geht es nicht nur darum, Menschen zu beeinflussen, es geht auch darum, dass die betreffenden Personen durch Tricks unbemerkt zu etwas gezwungen werden. Genau das macht diese Methode auch so unheimlich. Ich habe mich fast mein Leben lang mit Tricks befasst. Und trotzdem bin ich auf den Hausierer reingefallen. Gut, ich war jung, und er brauchte das Geld.

Was war hier genau passiert? Wie hatte er das gemacht? Wie gehen Manipulateure heute überhaupt vor, um ihr Ziel zu erreichen? Und welche verschiedenen Methoden gibt es, um andere zu veranlassen zu tun, was man selbst will? Diese Fragen fand ich so spannend, dass ich als Neunzehnjähriger sogar eine Kaffeefahrt mit meinen Schulfreunden machte, um zu sehen, wie perfekte Manipulationen in der Praxis aussehen. Wir hatten uns als «Kegelklub alle Neune» angemeldet, um bis zur Abfahrt möglichst undercover zu bleiben. Dieser Tag war ein Erlebnis, von dem ich heute noch zehre. Mein Fazit: Jeder von uns ist bereits mannigfaltig zu seinen Ungunsten beeinflusst worden. Mit welchen Mitteln das geht und in welchen Bereichen besonders manipuliert wird – davon handelt dieses Buch.

Manipulation ist den meisten von uns deshalb so unheimlich, weil sie sich anschleicht wie eine krankmachende Strahlung. Selbst wenn man von ihrer Existenz weiß und sie definieren kann – sich dagegen zu wehren fällt oft schwer. Fest steht: Manipulation ist immer auch eine Suggestion. Suggestion ist meiner Meinung nach eine unglaublich starke, aber neutrale Kraft. Sie ist weder gut noch schlecht. Es liegt dabei immer an demjenigen, der sie beherrscht, und es ist wichtig, wie er sie nutzt. Der Manipulateur hat sich für die dunkle Seite der Suggestion entschieden und nutzt sie ausschließlich zu seinem eigenen Vorteil, egal, was seine Handlung für den anderen bedeutet. Wäre das anders, dann könnte der Manipulateur auch mit offenen Karten spielen, oder? Das macht er aber natürlich nicht. Er nutzt seine Methoden im Verborgenen. Wie ein Zauberkünstler übrigens auch. Der sagt seinem Publikum allerdings gleich, dass es ein Geheimnis gibt.

Welche Methoden aber hat mein Hausierer genutzt? Nun, das werden Sie in diesem Buch noch ganz genau erfahren. Weiterhin lernen Sie auf dem Weg zur letzten Seite des Buchs noch jede Menge anderer Suggestions- und Manipulationsmethoden kennen, denn ich beleuchte die Phänome

«Manipulation» und «Suggestion» aus vielen verschiedenen Blickwinkeln.

Johann Wolfgang von Goethe sagte einmal: «Wer das erste Knopfloch verfehlt, kommt mit dem Zuknöpfen nicht zurande.» Fangen wir also ganz von vorne an.

Rapport, die schönste Verbindung der Welt

Sie schauen also gerade in dieses Buch und wollen etwas über Rapport lesen? Und darum beginne ich das Kapitel mit genau diesen Worten der Überschrift – ganz einfach, weil sie den von mir hier beabsichtigten Zweck vollkommen erfüllen. So kann ich über das Medium «Buch» eine Verbindung zu Ihnen aufbauen. Ich hole Sie genau dort ab, wo Sie gerade sind. Und – egal, was Sie denken, egal, wie alt oder jung Sie sind, ob männlich, weiblich, groß, klein, wie auch immer – an einer einzigen Sache gibt es überhaupt keinen Zweifel: Sie schauen gerade in dieses Buch und lesen. Mein erster Versuch der Kontaktaufnahme war also erfolgreich. Ich könnte es auch in den Worten von Henry Ford ausdrücken: «Um Erfolg zu haben, musst du den Standpunkt des anderen annehmen und die Dinge mit seinen Augen betrachten.» Und langsam kann ich damit beginnen, Sie mit auf meine Reise zu nehmen.

Wie wichtig es ist, die Welt mit den Augen der anderen zu sehen, zeigt eine schöne Geschichte, in der genau das so ziemlich in die Hose gegangen ist. Ich habe sie bei einer Vorlesung an der Universität gehört. Sie diente als ein gutes Beispiel für tiefe kulturelle Unterschiede.

In den achtziger Jahren des letzten Jahrhunderts startete die Weltgesundheitsorganisation (WHO) in Pakistan eine großangelegte Werbekampagne, um die Mütter neugeborener Babys dazu zu bewegen, ihren Säuglingen Milch zu verabreichen. Weil in diesem Land sehr viele Sprachen und Dialekte gesprochen werden, entschieden sich die Verantwortlichen, ihre Botschaft mit drei Bildern deutlich zu machen: Auf dem ersten Bild, dem linken, wurde ein weinendes, krankes Baby abgebildet. Auf dem mittleren Foto wurde ein Kind, das aus einem Fläschchen Milch trinkt, gezeigt, und ganz rechts sah man dann, dass es einem satten Säugling richtig gutging, weil der wirklich proper aussah. Er strahlte den Betrachter fröhlich an. Sehr dumm war allerdings die Tatsache, dass die Menschen in Pakistan von rechts nach links lesen. Daran hatte man einfach nicht gedacht. Betrachtet man also die Werbung mit den Augen einer pakistanischen Mutter, dann sieht man das genaue Gegenteil von dem, was ein Mensch in Europa sieht. Die Botschaft lautet für einen Pakistani: Wenn du ein gesundes Kind hast und gibst ihm Milch, dann wird es krank werden. Die Welt ist das, wofür wir sie halten. Sie kennen diese Formel bereits aus den anderen Büchern. Sie gilt hier einmal mehr.

Dass man die Welt mit den Augen des anderen sehen soll, erweist sich also in vielen Fällen als unverzichtbar. Diese Tatsache bildet die Grundlage jeder erfolgreichen Kontaktaufnahme und Kommunikation, und sie hat auch einen Namen: Rapport. Das Wort hat in diesem Kontext nichts mit einer militärischen Meldung oder einem allgemeinen Bericht zu tun. Es wird hier in einem anderen Sinn verwendet, in seinem ursprünglichen, denn es kommt aus dem Französischen und bedeutet «Beziehung» oder auch «Verhältnis». Es hat allerdings keine sexuelle Anmutung, sondern es bezeichnet eine Beziehung oder ein Verhältnis ganz allgemein. Das heißt: Sie müssen immer einen Rapport, eine Beziehung, zu einem anderen aufbauen, bevor Sie davon ausgehen können, dass er Ihnen überhaupt zuhören will. Glücklicherweise geht das in aller Regel sehr einfach. Unbewusst machen Sie es sofort und jedes Mal, wenn Sie mit einer Person sprechen und sich mit ihr auf einer Wellenlänge fühlen.

Angenommen, Sie kommen mit einer Ihnen sofort sehr sympathischen Person in Kontakt. Die drückt sich besonders distinguiert aus. Das beeindruckt Sie. Und ob Sie es glauben oder nicht, innerhalb kürzester Zeit gleichen Sie Ihre Ausdrucksweise der Person an, die bei Ihnen so gut rüberkommt. Das funktioniert auch in die andere Richtung. Wenn Ihr Gegenüber ständig flucht, beginnen Sie ebenfalls, Ihr Sprachniveau runterzuschrauben. Da aber auch der andere sich Ihrem Sprachniveau ebenfalls anpassen will, treffen sich die Sprachebenen irgendwann ungefähr in der Mitte. Bestenfalls, wenn beide sehr gut harmonieren. Oder es endet alles in einem kleinen Spielchen von Macht und Einfluss.

Seit ich das weiß, wundert es mich überhaupt nicht mehr, dass meine Kinder fluchen, nachdem sie mich dabei beobachteten, wie ich eine Lampe aufhängte oder einen Schrank aus einem schwedischen Möbelhaus aufzubauen versuchte. Das Phänomen wurde 2002 von den Professoren Kate G. Niederhoffer und James W. Pennebaker an der University of Texas in Austin mit Hilfe einer großangelegten Studie untersucht. Sie gaben ihr den Namen «Linguistic Style Matching» oder auch «LSM», sie nannten es also «Anpassung der Sprachniveaus». Niederhoffer und Pennebaker behaupteten sogar: «Wenn zwei Menschen eine Konversation beginnen, sprechen sie innerhalb weniger Sekunden gleich.» Um zu dieser Erkenntnis zu gelangen, wurden ausführliche Experimente mit Studenten durchgeführt. Wurde die Aufgabe sehr förmlich formuliert, fiel die Antwort ebenfalls förmlich aus. Wurde die Aufgabe umgangssprachlich gestellt, fanden sich in den Ausführungen der Studenten auch lockere Formulierungen. Interessanterweise waren die besonders gut benoteten Antworten, die von Frauen und die von Studenten mit hohem sozioökonomischem Status, besonders stark angepasst.

Die Forscher untersuchten auch die Briefwechsel berühmter Personen wie die von Sigmund Freud und Carl Gustav Jung. Ihr Ergebnis: Zu der Zeit, zu der sich die Schreibenden am besten verstanden und dem in ihrer Freundschaft Ausdruck gaben, wies auch der Sprachstil die meisten Übereinstimmungen auf. Auch nachdem Sie einen Film geschaut haben, wird sich Ihr Sprachniveau dem des Hauptdarstellers angeglichen haben. Und ebenso nachdem Sie dieses Buch gelesen haben, wird sich Ihr Sprachniveau meinem Schreibstil angepasst haben – keine Sorge, ich bleibe meistens sauber.

Die Studie schließt mit einem sehr praktischen Fazit: Je harmonischer die Dialoge zwischen zwei Menschen geführt werden, desto glücklicher sind die Gesprächspartner. Diese Methode konnte sogar als Indikator für das Glück einer Ehe dienen. Wohlgemerkt: Hierbei geht es nicht um den Inhalt (die Worte), sondern um das Sprachniveau. Sie sehen schon: Im Rapport steckt viel Kraft und Wucht. Und all das läuft einfach unbewusst ab!

Falls Sie Ihr Sprachniveau bewusst steuern oder lenken wollen, dann überlegen Sie einfach, wie Ihr Gegenüber am liebsten kommunizieren will. Reagieren Sie flexibel und lassen Sie es den Lauf der Dinge bestimmen. Das bedeutet nicht, dass Sie sich selbst aufgeben und dem anderen alles recht machen müssen. Ganz im Gegenteil. Sie passen sich einfach seinen Vorlieben an. Und bedenken Sie: Wir kommunizieren ja nur zu einem Bruchteil rein über den Inhalt einer Aussage. Gestik, Mimik und Unterton bestimmen sehr viel mehr die Bedeutung und Wirkung unserer Worte als reine Inhalte. Neben der Inhaltsebene walten noch zahlreiche andere Kräfte: Geschwindigkeit der Sprache, Lautstärke, Tonfall, Pausensetzung, Laute wie Seufzen, Lachen, um nur einige wenige Beispiele zu nennen. Die nonverbale Kommunikation läuft übrigens nicht nur wortlos ab, sondern funktioniert auch größtenteils unbewusst. Unser unbewusstes Tun, während wir miteinander reden, trägt also maßgeblich dazu bei, einer Aussage letztlich den Feinschliff zu verleihen.

Normalerweise begrüße ich mein Publikum einfach mit den Worten: «Guten Abend.» Ich gebe zu, das ist nicht wirklich originell, aber ich habe mit dieser Art der Eröffnung bislang gute Erfahrungen gemacht. Denn der reine Inhalt meiner Aussage, meines Wunschs in dem Falle, ist auch gar nicht so entscheidend. Vielmehr entscheidet mein Verhalten, während ich diese Worte ausspreche, wie mein Publikum sie auffassen wird. Spreche ich die Begrüßungsformel fröhlich, weil ich mich freue, dass es jetzt losgeht, oder bete ich sie gelangweilt runter? Hängen meine Schultern dabei schlaff, oder stehe ich gerade vor den Zuhörern? All das trägt zur Wirkung meiner Aussage bei. Paul Watzlawick hat es schon auf den Punkt gebracht: «Man kann nicht nicht kommunizieren.»

Jedes Tun oder Unterlassen in einer Kommunikation hat Mitteilungscharakter. Paul Watzlawick nennt das einerseits den Inhalts- und andererseits den Beziehungsaspekt. Lassen wir hier den Großmeister nochmals persönlich zu Wort kommen: «Wenn man untersucht, was jede Mitteilung enthält, so erweist sich ihr Inhalt vor allem als Information ... Gleichzeitig aber enthält jede Mitteilung einen weiteren Aspekt, der viel weniger augenfällig, doch ebenso wichtig ist, nämlich einen Hinweis darauf, wie ihr Sender sie vom Empfänger verstanden haben möchte. Sie definiert also, wie der Sender die Beziehung zwischen sich und dem Empfänger sieht, und ist in diesem Sinn eine persönliche Stellungnahme. Wir finden somit in jeder Kommunikation einen Inhalts- und einen Beziehungsaspekt.»

Beim Rapport kommunizieren Sie demnach auf beiden Ebenen so, dass Ihr Gegenüber nicht nur hört, was Sie sagen, sondern auch, was Sie meinen. Sie sind einfach näher an ihm dran. Ihr Gesprächspartner hat es dann leichter, weil er nicht erst versuchen muss, Ihre Aussage in seine Welt zu «übersetzen». Die Sache hat noch einen weiteren Vorteil, Ihr Gegenüber wird Sie nämlich sympathisch finden. Wie wichtig das sein kann, lesen Sie noch.

Es wird empfohlen, Rapport dadurch herzustellen, dass man den anderen genauestens beobachtet und sein eigenes Verhalten dem Verhalten seines Gegenübers angleicht. Folgende Parameter stehen Ihnen dafür zur Verfügung. Hier nochmals in der Übersicht:

- Körperhaltung und Gestik,
- Lautstärke und Geschwindigkeit des Sprechens,
- Atemrhythmus und
- Unterton (paraverbale Information).

Zweifellos sind all diese Aspekte wichtig für eine reibungslose Kommunikation auf allen Ebenen, und sie können gezielt zur Optimierung eingesetzt werden.

Beschäftigen wir uns konkret damit, wie Sie Rapport zu Ihrem Gesprächspartner aufbauen können. Beginnen wir mit Körperhaltung und Gestik. Hier ist es denkbar einfach: Imitieren Sie bloß Ihr Gegenüber. Beobachten Sie genau seine körperliche Haltung. Erkennen Sie, wie er die Arme hält, was er mit seinen Händen macht, wie er den Kopf neigt usw. Genau so verhalten Sie sich ab jetzt auch. Wenn der andere dann seinen Arm bewegt, dann tun Sie es ebenso. In derselben Geschwindigkeit. Hierbei gibt es zwei Arten von Vorgehensweisen.

Welche Methode Sie benutzen, hängt davon ab, ob Ihr Gesprächspartner sich neben Ihnen befindet oder Ihnen gegenübersteht. Angenommen, Sie stehen der betreffenden Person gegenüber, dann bewegen Sie Ihren rechten Arm, wenn sie ihren linken bewegt. Sie verhalten sich also wie das Spiegelbild Ihres Gegenübers. Daher nennt man die Vorgehensweise, wenn sich ein Mensch dem anderen derart angleicht, auch «spiegeln». Sollten Sie neben der Person sitzen, so bewegen Sie Ihren linken Arm, sobald sie ihren linken Arm rührt. Bei dieser intensiveren Variante spricht man vom Angleichen oder auch Matching. Wenn Sie das allerdings zu offensichtlich einsetzen, dann wird Ihr Gesprächspartner sich nicht öffnen, sondern nur noch denken, Sie hätten nicht alle Latten am Zaun. Also Vorsicht!

Es ist zu beobachten und nachgewiesen: Wenn Menschen komplett auf einer Wellenlänge liegen, dann haben Sie das Bestreben, sich dem Partner anzugleichen. Schauen Sie sich mal frisch verliebte Paare an. Die bewegen sich gern im selben Tempo, nehmen oft genau dieselbe Körperhaltung ein und verwenden dieselbe Lautstärke, in der sie miteinander reden. Sie müssen dennoch sehr behutsam vorgehen, wenn Sie dieses Übereinstimmen nutzen wollen. Sie kennen jetzt zwar die Technik, aber Sie können sich vorstellen, wie viel Feingefühl man braucht, wenn man damit einen Fremden wirklich überzeugen will.

Stellen Sie sich nur mal vor, Sie bemerken, wie ein Verkäufer beginnt, Sie zu spiegeln. Wenn Sie Ihre Arme verschränken, dann macht er das plötzlich auch. Sobald Sie Ihr Gewicht von einem Bein aufs andere verlagern, macht er das auch usw. In dem Moment, in dem Sie die Technik erkennen, ist sie nicht mehr wirkungsvoll, sondern wirkungslos, und Sie denken sich doch: «Moment mal, macht der mich etwa gerade nach? Will der mich nachher vielleicht ganz dreist manipulieren?» Ab dem Moment wird Ihr Grundvertrauen erschüttert sein, und Sie geben Ihrem Gegenüber keine Chance mehr, weil Sie aus gutem Grund skeptisch geworden sind. Und Sie haben wahrscheinlich recht!

Also gehen Sie in Ihrem eigenen Interesse sehr sanft vor, denn das Spiegeln ist einerseits zwar wirkungsvoll, aber eine der am leichtesten zu entdeckenden Methoden der Beeinflussung. Man erreicht bei falscher Anwendung nur noch das Gegenteil. Aber es ist etwas völlig Natürliches, und es passiert oft ganz von allein. Dann kommt der Effekt am besten rüber.

Sie können es beobachten, wenn ein Erwachsener mit einem Kleinkind spricht. Selbst Hochschulprofessoren verfallen hier in Babysprache und imitieren damit das Kind in seinem Verhalten. Nur Hinlegen und Strampeln wäre noch etwas effektiver, wenn auch ein wenig übertrieben.

Fangen Sie beim Spiegeln von Körperhaltungen am besten mit Kleinigkeiten an und bauen Sie alles nur langsam und schrittweise zur Vervollkommnung auf. Zu Beginn können Sie ähnliche Gesten benutzen und müssen sie noch nicht exakt spiegeln. Diese ähnlichen Gesten heißen im Fachjargon «Representative Gestures». Angenommen, der andere verschränkt die Arme, dann legen Sie einfach die rechte Hand auf den linken Arm. Sie folgen ihm also durch eine ähnliche und abgeschwächte Geste, die Wirkung ist effektvoll, weil die Handlung nur indirekt bemerkt wird.

Eine zweite Variante besteht im «Spiegeln über Kreuz». Dabei ahmen Sie die Geste Ihres Gesprächspartners nicht zeitgleich nach, sondern Sie warten damit ungefähr eine halbe Minute und führen sie dann zeitversetzt aus. Selbst hier wird Ihr Gegenüber unbewusst den Eindruck haben, dass Sie auf einer Wellenlänge liegen, ohne etwas zu bemerken.

Ein weiterer subtiler Effekt des Vorgehens liegt in der Geschwindigkeit, mit der sich Ihr Gegenüber bewegt. Auch hier können Sie Ihre Bewegungen angleichen. Das fängt schon beim Händeschütteln an. Bei einer langsamen Person können Sie sich beim Entgegenstrecken der Hand mehr Zeit lassen als bei einem Weltmeister im Kickboxen. Ein Vorteil besteht hier nicht zuletzt darin, dass Sie Ihr Gegenüber dafür genau beobachten müssen. Dadurch sind Sie konzentriert bei ihm und im Hier und Jetzt. Allein dadurch fühlt er sich schon angenehm wahrgenommen und spürt, dass Sie sich für ihn und seine Aussagen interessieren. Sie sind also nicht nur näher an der Person dran, sondern schärfen zusätzlich noch Ihre Beobachtungsgabe. Mit der Zeit werden Sie immer besser und werden vielleicht sogar ganz neue

Aspekte an Ihren Mitmenschen entdecken und sich unbemerkt auf sie einschwingen können. Sie holen auf diese Weise das Optimale für sich – und vielleicht auch für Ihr Gegenüber – aus jeder Unterredung heraus.

Einen Sonderfall beim Spiegeln will ich hier noch unbedingt erwähnen: Angenommen, Sie bemerken, dass Ihr Gegenüber eine abwehrende Haltung einnimmt, die Arme verschränkt oder die Beine übereinanderschlägt. Sollten Sie die abwehrende Körperhaltung ebenso imitieren? Hier gehen die Meinungen auseinander. Die einen sagen, es soll gnadenlos durchgespiegelt werden, die anderen meinen, dass man in dem Fall lieber eine offene Körperhaltung einnehmen sollte. Wie so oft gibt es hier kein pauschales Richtig oder Falsch. Es kommt eben darauf an. Falls wirklich spürbar ein Konflikt in der Luft liegen sollte, dann könnte eine abwehrende Körperhaltung Ihrem Gesprächspartner den Eindruck vermitteln, dass Sie ebenfalls auf Ihrer Meinung beharren, und die starre Haltung noch verstärkt werden. In dem Fall sollten Sie eher eine andere und offenere Körpersprache bevorzugen und sich auf andere Mittel wie Sprechtempo und Geschwindigkeit konzentrieren. Falls Sie aber nur ein Signal vernehmen, mit dem Ihr Gegenüber auf Distanz geht – zum Beispiel die vor dem Oberkörper verschränkten Arme –, dann können Sie dieses ruhig aufnehmen. Und Sie sollten stets bedenken: Vielleicht ist die Geste ja nicht als Abwehr gemeint, sondern einfach nur bequem für die Person – oder ihr ist kalt.

Spiegeln gehört als Künstler zu meinem täglich Brot. Wann immer ich einen Zuschauer auf der Bühne habe, begebe ich mich in seine Position. Rein mental werde ich dadurch im besten Fall tatsächlich fast eins mit ihm – das Gefühl ist nicht leicht zu beschreiben. Es ist ein Empfinden von Zusammengehörigkeit, und das fühlt sich für beide von uns gut an. Auch wenn nur ich weiß, was gerade abläuft, mein Gegenüber auf der Bühne fühlt sich spontan und automatisch durch den Gleichklang, den ich herstelle, wohl. Allein dadurch kann ich mich schon extrem gut in es hineinversetzen und habe einen Eindruck, wie es sich fühlt, wie es denkt und weiß, wie es sich verhalten wird.

Ich gleiche also meinen Atemrhythmus und meine Körperhaltung sanft an seine an und stelle mir vor, ich würde an der Stelle des Zuschauers auf der Bühne stehen, und versuche, mich selbst durch die Augen des Zuschauers zu betrachten. Ich werde für einen kurzen Augenblick zu dieser Person. Ich stelle mir vor, was sie gerade fühlt und denkt. Manchmal äußere ich auch, was mir in diesem Moment gerade in den Sinn kommt. Das Resultat ist im wahrsten Sinne des Wortes meistens «zauberhaft». Dieser Übung liegt der Grundsatz «Alles ist eins» zugrunde. Wenn Sie dieses Vorgehen ausprobieren, werden Sie genau spüren, was ich meine. Ich spiegele also nicht nur sanft die körperlichen Besonderheiten, sondern auch die mentalen. Das Ergebnis wirkt auf alle Beteiligten wie pure Magie.

Vom Pacen und Leaden

Wenn Sie dann irgendwann im Laufe der Begegnung spüren, dass Sie mit Ihrem Gegenüber auf einer Wellenlänge kommunizieren, dann können Sie noch einen Schritt weitergehen. Der Fortschritt besteht darin, dass Sie vom reinen Spiegeln dazu übergehen, den anderen wirklich zu führen. Das bedeutet erst einmal, Sie schauen, ob er irgendwann unbewusst Ihren Gesten und Ihrer Geschwindigkeit folgt. Sie haben den anderen in diesem Moment abgeholt und können ihn auch jetzt irgendwohin führen. Sollten Sie ihn richtig gut beobachten können und dann vielleicht sogar noch das Vokabular und die Verhaltensweisen des anderen aufgreifen, nennt man das dann auch «Pacen», was an der Stelle so viel heißt wie «im selben Tempo mitgehen». Bevor ich auf einen fahrenden Zug aufspringen kann, muss ich erst dieselbe Geschwindigkeit erreichen wie die fahrende Lok. Im Deutschen nutzt man übrigens auch den englischen Ausdruck «Pacen», dieser Fachbegriff hat sich mittlerweile etabliert.

Sie haben Ihr Gegenüber jetzt also unmerklich abgeholt, es fühlt sich in Ihrer Anwesenheit wohler und mit Ihnen überaus vetraut. Wie geht es weiter? Mit dem Leading. Das bedeutet in diesem Fall so viel wie «Führen». Sie leiten Ihr Gegenüber also dahin, wo Sie es hinhaben wollen. Wir alle kennen das Phänomen: Es gibt Menschen mit ansteckender Fröhlichkeit. Allein durch ihre Anwesenheit steigt einfach die eigene gute Laune. Meistens machen sich diese Leute ihre Wirkung nicht bewusst, aber sie erfahren viel Sympathie.

Wie Sie diese Strategie nutzen können, zeigt folgendes Beispiel: Nehmen wir an, Sie haben einen Bekannten, der nicht gut drauf ist. Es liegt kein wirklicher ernsthafter Grund für seine Niedergeschlagenheit vor. Es ist einfach ein verregneter Tag, der falsche Fußballverein hat gewonnen, oder seine Tochter ist am Tag zuvor mit einem Typen nach Hause gekommen, der mit sechzehn Jahren eine Cordhose und Fliege trägt. Diesem Bekannten können Sie mit Ihrer Laune helfen. Bauen Sie einfach wie beschrieben Rapport auf und beginnen Sie zu pacen.

Mir gehen diese englischen Fachausdrücke auch auf die Nerven, aber Sie wissen schon, was ich meine. Wenn Sie merken, dass Rapport hergestellt ist, dann verändern Sie Ihre Körperhaltung und beobachten, ob Ihr Gegenüber Ihnen folgt. Falls es Ihnen folgt, dann nehmen Sie eine offenere und positivere Körperhaltung ein. Lächeln Sie, halten Sie den Rücken gerade und schauen Sie geradeaus – auf keinen Fall nach unten. Prüfen Sie genau, ob Ihr Freund mit dem Cordhosenschwiegersohn Ihnen folgt. Sobald Sie ihn an irgendeiner Stelle verlieren, gehen Sie einfach wieder an den Ausgangspunkt zurück, an der Sie ihn noch bewusst gespiegelt hatten, um wieder Rapport zu schaffen. Nach dem Motto: Zwei Schritte vorwärts und einer zurück.

Da die Energie der Aufmerksamkeit folgt, wird sich seine Stimmung mit der neuen Körperhaltung sicherlich bessern, denn wir können parallel zu einer Körperhaltung, die ausdrückt: «Es geht mir gut», nur sehr schwer denken, «Es geht mir schlecht.»

Warum das so ist, das habe ich in meinem Buch «Ich weiß, was du denkst» bereits beschrieben. Eine Ausnahme gibt es allerdings: wenn jemand wirklich begründet traurig ist. Wir alle haben das Recht, auch mal niedergeschlagen zu sein, und wehren uns dann berechtigterweise. Sie wissen: In schlimmen Momenten bringen alle schönen Sprüche nichts. In der Trauer brauchen wir ausreichend Zeit und Energie, um den Grund des Trauerns zu verarbeiten. Wir reagieren zu Recht entrüstet, falls wir uns durch den anderen nicht respektiert fühlen. Falls Ihr Freund aber nur einen kleinen Blues verspürt, ist die Methode sehr gut einsetzbar.

Bis jetzt haben wir uns beim Pacing und Leading nur auf den Aspekt der «Körperhaltung» beschränkt. Es gilt aber noch viel mehr zu beachten. Pacing und Leading kann in vielen Formen der Beeinflussung umgesetzt und angewendet werden. Als Eltern beispielsweise können Sie Ihren Kindern mit dieser Methode auf die unsinnigsten Vorschläge immer noch eine gute Antwort geben. Nehmen wir eine typische Diskussion zwischen Vater und dem fünfjährigen Sohn, wie sie in unserem Haushalt praktisch täglich stattfindet. Es ist Montagabend, 18.30 Uhr, Sie sind beim Abendessen. Der Sohn: «Papa, darf ich nachher noch ‹Ice Age› schauen?» Vater (falsche Antwort): «Du spinnst, schau mal auf die Uhr. Morgen müssen wir alle wieder früh raus. Der Film dauert über eineinhalb Stunden, und du weißt genau, wie du morgen drauf bist, wenn du nicht ausgeschlafen hast. Um es kurz zu machen: Nein!»

Liebe Leserin, lieber Leser, auch ich bin manchmal in der Versuchung, auf eine derart unsinnige Frage so offen, klar und deutlich zu antworten. Nachdem aber die Wirksamkeit das Maß der Wahrheit ist, kann ich Ihnen nur dringend davon abraten, es so zu machen. Lassen Sie sich auf keinen Fall dazu hinreißen, Sie erreichen so keine Ergebnisse. Erstens ist die Antwort gnadenlos hart und möglicherweise unangemessen, zweitens reißen Sie alle Brücken zu möglichen Kompromissen ein, und drittens weiß Ihr Kind am Abend, wenn es eine solche Frage stellt, nicht, definitiv nicht, wie es am nächsten Morgen drauf sein wird, wenn es nicht ausgeschlafen haben wird. Kinder leben nach dem Motto: «Jetzt ist der Augenblick der Macht», und das reicht.

Wenn sie jetzt fit und gut gelaunt sind, wissen sie eben nicht, dass sie sich am nächsten Morgen verkatert fühlen, falls sie zu spät ins Bett gegangen sind. Sie schalten solche Gedanken, sofern sie sie überhaupt haben, einfach aus.

Genau wie Kinder übrigens auf Kommando sämtliche störenden Frequenzen der Stimmen der Eltern und von Oma und Opa aus ihrem Gehör rausfiltern können. Genauso wie lästige Ratschläge. Aus gutem Grund. Schauen wir uns doch mal eine suggestivere und für beide Seiten sehr viel friedvollere Wortstruktur an.

Der Vater gibt jetzt die richtige Antwort: «Hm, du würdest gern noch was im Fernsehen schauen. Die Idee finde ich okay, du warst heute wirklich lieb. (Der Satz funktioniert übrigens immer, auch wenn die lieben Kleinen die frisch angebrachten Tapeten gerade mit Stempeln verziert haben.) Von mir aus kannst du noch Sandmännchen schauen.»

Meistens klappt's so viel besser. Das liegt daran, dass das Kind sich im zweiten Beispiel nicht vor den Kopf gestoßen fühlt. Es wird kein Druck aufgebaut, bei dem es sich aufgefordert fühlt, mit Gegendruck zu reagieren. Stattdessen wird mit den Instrumenten «Pacing» und «Leading» gearbeitet. Die sind sehr viel sanfter. Das Pacing liegt in diesem Beispiel im Aufgreifen der Idee fernzusehen. Dann nehme ich also meinen Sohnemann mit und verknüpfe seine Idee mit meiner. Es geht also nicht nur darum, dass wir durch Körperhaltung, Sprechtempo, Lautstärke, Ausdrucksweise und auch Atemfrequenz Rapport herstellen. Es geht auch darum, inhaltlich Gleichklang zu erzeugen – über eine Idee, die wir aufgreifen, abwandeln und als Ausgangspunkt für unseren Vorschlag verwenden können.

Das unbewusste Heben der Arme

Sie brauchen einen Mitspieler, der sich vor Sie stellen soll.

- Bitten Sie ihn, die Augen zu schließen und ein paarmal tief ein- und wieder auszuatmen. Sobald er sichtlich entspannt reagiert, fahren Sie fort.
- Klatschen Sie sanft – mit den Händen dem Uhrzeigersinn folgend – siebenmal in einer kreisförmigen Bewegung um Gesicht, Hals, Schultern und Brust Ihres Gegenübers. Danach fassen Sie beide Handgelenke Ihres Mitspielers an und bewegen sie sanft seitlich im 45-Grad-Winkel nach oben auf Schulterhöhe. Halten Sie die Arme dort eine Weile, bevor Sie sie wieder senken.
- Diese Aktion wiederholen Sie bitte noch dreimal. Dabei verfahren Sie jedes Mal genau gleich: Siebenmal im Uhrzeigersinn klatschen und dann die Arme des Gegenübers sanft nach oben heben, dort kurz innehalten und dann wieder senken.
- Beim vierten Mal klatschen Sie wieder genau so wie zuvor, aber dieses Mal heben Sie die Arme Ihres Mitspielers nicht nach oben. Obwohl Sie den Mitspieler nicht berühren, werden seine Arme wie von unsichtbaren Fäden nach oben gezogen werden.
- Eine wunderbare Übung in Sachen «Pacing» und «Leading». Die Übung zeigt Ihnen auch augenfällig, wie stark eine Person auf Ihre Suggestionen anspricht und wie gut sie sich für die Hypnose eignet.

Wandler zwischen den Welten

Schon zu Beginn dieses Kapitels hatte ich Paul Watzlawick zitiert. Erstens weil es immer schlau ist, den Sprachforscher heranzuziehen, und zweitens weil wir so zwei entscheidende Ebenen der Kommunikation kennenlernen konnten, die Inhalts- und die Beziehungsebene. Ich kann nicht intensiv genug betonen, was dieser Wissensschatz für mich bedeutet. Er war schon sehr oft sehr wertvoll. Mein Coach und Freund Michael Rossié hatte mir vor einigen Jahren beiläufig geraten, mich mit diesem Thema zu beschäftigen. Jung, wie ich damals war, dachte ich mir: «Logisch. Das kenne ich doch schon. Was will denn der jetzt von mir?» Allerdings gab es schon damals ein paar Menschen in meinem Leben, die, wenn sie etwas sagten, fast immer recht hatten. Dazu zählte er. Aus diesem Grund tat ich zwar ganz cool und gleichgültig, stürzte mich aber sofort auf die entsprechende Literatur, sobald ich zu Hause war. Und ich traf auf eine Goldmine! Was ich Ihnen jetzt näherbringen möchte, hat mir in zahlreichen TV-Sendungen und Interviews schon beste Dienste geleistet und gehört zu den Grundlagen meiner Arbeit. Und ich könnte es nicht besser deutlich machen als Paul Watzlawik und möchte an dieser Stelle ein recht bekanntes Beispiel anführen, das ich hier gern von ihm übernehme:

Das Türendilemma nach Paul Watzlawick

Ein Mann wird in einen Raum eingesperrt. Aus dem Zimmer führen zwei Türen. Beide sind geschlossen, aber nur eine ist wirklich zugesperrt. Vor jeder Tür steht ein Wächter. Einer der Wächter sagt immer die Wahrheit, der andere lügt immer. Das weiß der Gefangene, er weiß aber nicht, welcher der Wächter die Wahrheit sagt und welcher lügt. (Weil er nämlich dieses Buch nicht gelesen hat.) Er darf einem der Wärter eine einzige Frage stellen, um herauszufinden, welche Tür in die Freiheit führt.

Wie lautet die Lösung? Die ist recht ausgefuchst: Der Gefangene deutet auf eine der beiden Türen und fragt eine der beiden Wachen: «Wenn ich Ihren Kameraden fragen würde, ob diese Tür in die Freiheit führt, was würde er sagen?» Ist das nicht großartig? Sagt die Wache nein, so ist die Tür offen, sagt die Wache ja, so ist die Tür abgesperrt.

Das Wunderbare an diesem Beispiel ist die Tatsache, dass die Lösung allein dadurch herausgefunden wird, dass die Inhaltsebene (ist die Tür offen oder geschlossen?) und die Beziehungsebene (zwischen den Wachen und dem, der nicht lügt, und dem, der lügt) angesprochen werden. Der Umweg, an eine Information über eine andere Information zu gelangen, führt zur Lösung.

Ob Sie es glauben oder nicht, im echten Leben ist das oft nicht anders. Stellen Sie sich vor, ein Mann hat sich einen Sportwagen gekauft. Ein Kollege spricht ihn darauf an und fragt ihn: «Was hat der denn gekostet?» Bei dieser Frage geht es nicht nur um den Preis, also die Informationsebene, sondern ausnahmslos immer auch um die Beziehung zwischen den beiden Gesprächspartnern. Körpersprache, Gesichtsausdruck und Unterton werden stets die Einstellung des Fragenden mit transportieren, es geht gar nicht anders.

Ist die Betonung in der Frage so, dass sie bewundernd, freudig, neidisch oder teilnahmslos wirkt? Wie sieht sein Gesicht dabei aus? Was signalisiert sein Körper? Der Gefragte kann auf ein solches Anliegen nicht nicht reagieren. Selbst wenn er sie ignoriert, ist das eine Reaktion.

An dieser Stelle sollte nicht unerwähnt bleiben, dass die Beziehungsebene von uns fast nie bewusst benutzt wird – ganz im Gegensatz zur Inhaltsebene. Wir betreten sie meistens nur unbewusst. Die wenigen Situationen, in denen wir sie bewusst wählen, enden daher auch meistens unerfreulich. Daher wirkt es manchmal auch so negativ, wenn eine Person einen Text vorliest, die das einfach nicht kann. Wir schalten sofort ab. Damit sind wir wieder beim Rapport: Bei falscher Betonung brechen wir ihn normalerweise innerhalb kürzester Zeit ab.

Ich hatte einmal einen VWL-Professor, dem ich selbst mit größter Anstrengung und Konzentration nicht länger als zwei Minuten zuhören konnte. Er kam in den Hörsaal, packte seine Unterlagen aus und begann vorzulesen. Dabei schaute er uns Studenten fast nie an. Nach drei Veranstaltungen war der Rapport so stark abgebrochen, dass ich nicht mehr dorthin ging und einfach zu Hause nach seinem Buch gelernt habe. Das andere Extrem zeigen gutausgebildete Schauspieler. Die können lesen, was sie wollen. Weil sie so intensiv im Text sind, durch ihre Mimik, Gestik und Melodie, können sie sofort Rapport aufbauen, und wir hören ihnen gern zu.

Watzlawick stellt darum immer wieder klar, dass bei positiven Gesprächen die Beziehungsebene nie bewusst gesteuert wird. Je stärker versucht wird, die Beziehung bewusst zu gestalten, desto konfliktreicher wird das Verhältnis zwischen den Gesprächspartnern. Es kann schließlich in massiven Auseinandersetzungen enden, in denen der Inhalt allerdings völlig an Bedeutung verliert. Die berühmte Zahnpastatube oder das falsch gekochte Frühstücksei leiten letztendlich eine große Ehekrise ein. Man kennt das. Rein inhaltlich lächerlich, auf der Beziehungsebene von großer Tragweite.

Mir ist es in diesem Zusammenhang wichtig zu erwähnen, dass Rapport ausnahmslos nur dann funktionieren kann, wenn beide Ebenen in Betracht gezogen werden. Ein Satz wie: «Ich finde dieses Buch herausragend», kann mindestens fünf verschiedene Bedeutungen haben – je nachdem welches Wort betont wird. Daher ist es immens wichtig, dass wir stets im Hinterkopf behalten, dass jede Kommunikation eine Inhalts- und eine Beziehungsebene aufweist, wobei die Beziehungsebene die Inhaltsebene bestimmt. Schreiben Sie diesen Satz ab, lernen Sie ihn auswendig und geben Sie damit bei nächster Gelegenheit an.

Eisberg in Sicht

Folgendes Beispiel zeigt sehr deutlich, was ich meine:

- Stellen Sie sich einen im Wasser treibenden Eisberg vor. Höchstens zwanzig Prozent des Kolosses ragen aus dem Wasser, was bedeutet, dass mindestens achtzig Prozent unter der Wasseroberfläche schwimmen.
- Stellen Sie sich vor, die sichtbare Spitze des Eisbergs ist ein Sinnbild für die Sachebene. Alles, was unsichtbar unter der Oberfläche ist, steht für die Beziehungsebene

(Subtext, Körpersprache, Mimik). Um klar zu zeigen, wie wichtig die Beziehungsebene in der Kommunikation ist, machen Sie sich Folgendes klar: Stellen Sie sich dazu vor, wie zwei Eisberge aufeinander zutreiben und zusammenstoßen. An welcher Stelle werden sie zuerst aufeinandertreffen? Sehen Sie ...

Ich hatte bereits erwähnt, dass mir das Wissen über diese Zusammenhänge bereits beste Dienste geleistet hat, besonders in Interviews. Und nachdem auch Sie das System nun kennen, kann ich Ihnen ebenfalls erklären, wie Sie es für sich als Mittel zum Rapport nutzen können.

Hier ein Fall zum Auftakt: Angenommen, Sie machen Ihrem Partner einen Vorschlag. Dieser wird aus Ihnen völlig unersichtlichen Gründen von ihm verbal hart abgeschmettert, und zwar mit «Davon halte ich überhaupt nichts». Die Betonung wirkt aggressiv und klingt genervt. Sie könnten jetzt auf der Inhaltsebene bleiben und sagen: «Warum? Ich finde den Vorschlag sehr gut.» Dann wird wahrscheinlich auch ein Gegenargument auf der Inhaltsebene zurückkommen, und Ihr Partner sagt: «Dann mach das doch, ich halte allerdings nichts davon.» Um den Rapport jetzt ganz abzubrechen, könnten Sie ebenfalls genervt sagen: «Mach ich auch.» Und das war's dann.

Glauben Sie mir, selbst wenn Sie dieselbe Körperhaltung, Stimmlage, Atemfrequenz und Betonung benutzten, ja, sogar wenn Sie dasselbe anzögen und am selben Tag Geburtstag hätten wie Ihr Gesprächspartner: Der Rapport wäre weg. Diese Strategie können Sie anwenden, wo Sie wollen.

Im Geschäftsleben, im Berufsleben, beim Einkaufen, egal. Der Rapport bricht ab, weil der Fehler nicht auf der Inhalts-, sondern auf der Beziehungsebene liegt. Und die knacken Sie nicht durch Konfrontation. Druck erzeugt hier nur Gegendruck. Glücklicherweise geht es viel einfacher und auch eleganter.

Um in einem solchen Fall doch noch Rapport herzustellen, müssen Sie Ihrem Gegenüber einfach nur recht geben. Das glauben Sie nicht? Doch, das können Sie mir glauben. Und bevor Sie dieses Buch jetzt in die Kiste fürs Altpapier legen, lesen Sie bitte wenigstens noch die nächsten Zeilen. Dort erfahren Sie nämlich, wie Sie doch noch die Kurve kriegen und Ihr schlagendes Argument effektvoll anbringen können. Machen Sie sich bewusst, dass der Mensch das einzige Lebewesen ist, das für seine Überzeugungen stirbt! Wenn Sie diese Überzeugung anzweifeln, vor allem nachdem sie laut ausgesprochen wurde, wird Ihnen immer ein scharfer Wind entgegenwehen. Also, geben Sie zunächst nach. Ihr Moment kommt schon noch, versprochen. Beim Aufbau von Rapport geht es immer wieder darum, die Welt aus der Sicht des anderen zu sehen. Das bedeutet nicht, dass der am Ende unbedingt recht hat. Aber – und das ist ungemein wichtig – aus seiner Sicht hat er immer recht. Das heißt grundsätzlich: Wenn Sie an der Stelle des anderen wären, dann würden Sie genauso handeln wie er, und genau das könnten Sie betonen, indem Sie zunächst nachgeben und niemals starr auf Ihrer Position verharren. Das macht Ihr Gegenüber ja schon. Und Sie werden nur schlauer dadurch.

Also angenommen, Sie bekommen auf einen gutgemeinten Vorschlag einen Satz um die Ohren gehauen wie: «Davon halte ich überhaupt nichts», die Betonung ist aggressiv bis zum Anschlag, dann sagen Sie einfach: «Vielleicht haben Sie recht, und mein Vorschlag ist nicht der beste. Das kann schon sein. Was ich nicht verstehe, ist, warum Sie dabei so sauer sind.» Das ist eine echte Zauberformel, glauben Sie mir. Sie erinnern sich, die Beziehungsebene bestimmt die Inhaltsebene!

Vermutlich war es Einstein, der gesagt hat: «Probleme kann man niemals auf derselben Ebene lösen, auf der sie entstanden sind.» Wandeln Sie zwischen den Welten und wechseln Sie die Ebenen, so entsteht Rapport. Denn einen derart gestörten Meinungsaustausch können wir nur auf der Beziehungsebene lösen. Die Chance, dass Ihr Gesprächspartner Ihnen jetzt ruhig erklärt, warum er sein Gegenargument so aggressiv vorgetragen hat, steigt durch diese Vorgehensweise drastisch an.

Ich kann mich noch gut daran erinnern, wie ich diese Methode bei meinem ersten Auftritt bei «TV total» mit Stefan Raab angewendet habe. Ich bin vor und während der Sendung so aufgeregt gewesen, dass ich mich sofort übergeben musste, sobald ich wieder meine Garderobe erreicht hatte. Augen auf bei der Berufswahl! Dabei war der Auftritt alles andere als zum Kotzen gewesen und hat mir später einige Türen geöffnet. Doch zurück zum Thema: Stefan hatte sofort mit hämischem Grinsen zu mir gesagt: «Na, Thorsten, dann zeig uns doch mal ein Kunststück.» Ich erwiderte darauf: «Ich weiß offen gestanden nicht genau, ob das, was ich vorhabe, hier funktioniert, denn ich habe den Eindruck, du willst mich reinlegen.»

Sogar Stefan Raab ruderte in dem Moment zurück und sagte sinngemäß: «Nein, nein, ich will nur eine Kostprobe sehen.» So konnte ich erneut Rapport aufbauen. Übrigens, selbst wenn er zugegeben hätte, mich reinlegen zu wollen – die Fronten wären für die Zuschauer geklärt gewesen. Ein Zaubersatz, der diesbezüglich immer funktioniert, lautet: «Wenn ich an Ihrer Stelle wäre, würde ich genauso denken» – und dann fügen Sie einfach Ihr Argument an.

Es gibt übrigens noch einen guten Trick, um schnell Rapport herzustellen: Veranlassen Sie Ihr Gegenüber, dass es über sich selbst redet. Es gibt kein Thema, das die Menschen so sehr interessiert wie die eigene Person. Wenn Sie es schaffen, dass der andere über sich selbst sprechen kann, wird er den Eindruck haben, dass Sie ein sehr guter Gesprächspartner sind, weil Sie ihm das ermöglicht haben. Bei dieser Gelegenheit können Sie auch sehr gut die hier beschriebenen Methoden «Spiegeln», «Pacen» und «Leaden» ausprobieren. Sobald der Gesprächspartner nämlich über sich und seine Einstellungen reden kann, nimmt er nicht bewusst wahr, was Sie gerade tun. Er ist ja so schön mit sich selbst beschäftigt.

Abbrechen oder gar nicht erst beginnen?

Unter Umständen kann es sinnvoll sein, den Rapport zu kappen oder gar nicht erst aufkommen zu lassen. Das können Sie einfach und sanft tun, indem Sie sich von Ihrem Gesprächspartner körperlich und im übertragenen Sinn ein wenig wegbewegen, Ihre Tonlage ändern und Ihre Worte entsprechend anders wählen. Ein freundliches «Nein danke» erfüllt seinen Zweck meistens recht gut. Im Extremfall unterbrechen Sie dabei nicht nur den Blickkontakt, sondern kehren Ihrem Gegenüber am besten auch gleich den Rücken zu. Damit ist der Rapport dann auch ganz sicher unterbrochen. Denken Sie daran: Sie müssen nicht jeden Tipp in diesem Buch gleichzeitig annehmen und ausführen! Aber es gibt zahlreiche Gelegenheiten, bei denen es sinnvoll sein kann, den Rapport zu unterbrechen. Beispielsweise:

* Beim Abschluss eines Verkaufsgesprächs. Kurz bevor der Vertrag vom Kunden unterschrieben werden soll, ist es sinnvoll, dem Käufer Zeit einzuräumen, sich ganz in seiner persönlichen Gedankenwelt noch einmal alles zu überlegen. Denn erst dann kann er frei entscheiden, ob er sich mit dem Kauf am Ende wohl fühlen wird oder nicht. Für eine langfristige Kundenbindung – und damit für den Rapport – ist diese Vorgehensweise besonders gut geeignet.
* Und: Angenommen, Sie haben eine langweilige Laberbacke vor sich, die Ihnen alle Informationen auf Ihrer Festplatte verbal rüberkopieren will. Was tun, ohne unhöflich zu wirken? Machen Sie einfach das Gegenteil von allem, was Ihnen in diesem Kapitel geraten wird.

Abschließend noch eine Kleinigkeit am Rande: Gehen Sie bei allen hier beschriebenen Methoden bitte mit Bedacht vor. Es gibt einfach Menschen, die Sie nicht spiegeln sollten, um Rapport herzustellen. Bei einem Patienten mit Tourettesyndrom etwa – das ist eine sehr seltene Krankheit – wäre es wirklich nicht sinnvoll, die verbale Komponente oder den körperlichen Tick nachzuäffen. Und grundsätzlich gilt: Sämtliche körperlichen Behinderungen sind natürlich fürs Spiegeln tabu. Auch eine sprachliche Färbung unterstützt nur dann sinnvoll den Rapport, wenn Sie den Dialekt wirklich sprechen. Sobald ich, beispielsweise als Saarländer, mit meiner Mutter telefoniere, hört meine Frau unvermittelt, wer am anderen Ende ist. Ich verfalle sofort in die heimatlichen Töne, weil ich die mit meinem Zuhause verbinde und als ganz normal empfinde, sobald ich mit Menschen aus der Region zusammentreffe. Allerdings würde ich nicht auf die Idee kommen, in München saarländisch zu reden oder – noch schlimmer – versuchen, bairisch zu sprechen. Sobald etwas nicht wirklich in Ihnen steckt und somit niemals natürlich wirken würde, können Sie es nie glaubwürdig anwenden. Schließlich kommt alle Macht von innen. Und Sie sind nur dann authentisch, wenn innen und außen übereinstimmen.

Lassen Sie mich dieses Kapitel mit einem Zitat von Milton H. Erickson, einem herausragenden Hypnosetherapeuten, beenden. Er brachte viele wesentliche Aspekte der Kommunikation auf den Punkt – auch in Bezug auf Rapport: «Wann immer Sie etwas tun, was nicht funktioniert, hören Sie damit auf und tun Sie etwas anderes.» Ich glaube, es war wieder einmal Einstein, der die Weisheit ein wenig anders ausdrückte, aber genau dasselbe meinte: «Nur ein Idiot glaubt, dass, wenn er zweimal dasselbe tut, ein anderes Resultat dabei herauskommt.» Hier ist auch wie immer die Wirksamkeit das Maß der Wahrheit. Sollte eine Methode bei einem Gesprächspartner nicht greifen, dann nehmen Sie halt eine andere!

Schmeichelhaftes für alle Lebenslagen

Was soll das denn jetzt? Ich höre förmlich, wie Sie sich diese Frage stellen, nachdem Sie die Überschrift gelesen haben. Hier meine kurze Geschichte zur Erklärung.

Ich wurde vor einiger Zeit von Markus Lanz in seine Sendung eingeladen. Die Themen waren an diesem Tag unter anderen «Kartenlegen» und «Astrologie». Offen gestanden bin ich kein Experte auf diesen beiden Feldern. Ich kenne mich aber sehr gut mit Methoden aus, die mein Publikum glauben lassen, ich wüsste alles über mein Gegenüber und könnte seine Gedanken, seinen Charakter sowie seine Lebensumstände sehr genau beschreiben.

Genau das machen Astrologen und Kartenleger auch. Eins noch möchte ich, bevor Sie die Geschichte lesen, klarstellen: Ich habe gegen keine dieser Künste etwas einzuwenden. Sowohl Kartenlegen als auch Sternedeuten sind Themen, mit denen sich schon viele intelligente Menschen sehr ernsthaft und eingehend beschäftigt haben. Zum Beispiel in Indien, einem Land, in dem die Astrologie bereits eine sehr lange Tradition hat, gibt es eine sogenannte Palmblattbibliothek.

Sie stellt eines der letzten großen Mysterien des Landes dar. Die Legende besagt, dass medial besonders begabte Astrologen die persönlichen Schicksale und Lebensläufe von Millionen Menschen auf Palmblättern einst niederschrieben. Die Leben wurden aufgezeichnet, weil die prophetischen Mönche wussten, dass die betreffenden Seelen früher oder später in die Bibliothek zurückkommen würden. Einen

Haken hat die Sache allerdings: Es gibt nur in Chennai noch eine Bibliothek, soweit man weiß. Dort muss man sich ein Jahr im Voraus anmelden, um sein Palmblatt einsehen zu können. Bei den anderen Palmblattbibliotheken gibt es keine Wartezeit – allerdings weiß kein Mensch, wo genau sie sich befinden ...

Die Aufzeichnungen halten die früheren, jetzigen und späteren Leben der Menschen fest. Für die einen ist es echte Lebenshilfe, für die anderen reiner Klamauk. Was ich damit sagen will: Ich halte Vorträge und unterhalte Menschen. Dabei benutze ich Methoden, mit denen ich den Eindruck erwecke, ich könnte ihr Innerstes ergründen. Unter anderem verwende ich dabei eine besondere Methode, die ich Ihnen in diesem Kapitel vorstellen werde. Die hat mit Mystik nichts zu tun, sondern nur mit Psychologie. Das bedeutet aber nicht, dass es das Mystische nicht wirklich gibt. Es bedeutet nur, dass die Mystik in diesem Fall nicht bemüht wird. Das ist alles. Das ist keine Bewertung. Denn auch hier kommt es – wie immer – auf den Einzelfall an.

Auf der einen Seite gibt es unter den Esoterikern und Mystikern etliche Scheinheilige mit übersteigertem Selbstbewusstsein, auf der anderen Seite findet man unter ihnen auch aufgeklärte Wissenschaftler. Das bedeutet eigentlich nichts, außer dass überall Menschen mit zu großem Ego vorkommen.

Zurück zu meinem Versuch bei Markus Lanz. Ich hatte vor der Aufzeichnung der Sendung behauptet, ein sehr bekannter und anerkannter Sterndeuter zu sein und mit Hilfe des exakten Geburtsdatums eine genaue Charakteranalyse und daraus resultierend ein Horoskop für die betreffenden Personen erstellen zu können. Mein Angebot bestand darin, für sechs Teilnehmer ein solches Profil zu schreiben. Schon in der Sendung sollten sie es zu lesen bekommen. Sie mussten dann äußern, wie genau die Analyse sie beschreibe. Das Ergebnis war eindeutig: Auf einer Skala von eins bis zehn bekam ich von keinem weniger als sieben Punkte. Eine Dame dachte sogar, ich hätte in ihrem Fall einen Privatdetektiv beauftragt, weil nur so solch persönliche Einblicke gelingen würden.

Der Schauspieler Armin Rohde war auch in der Sendung und bekam ebenfalls sein Horoskop. Er zitierte eine Passage, die – wie er betonte – zu einhundert Prozent sein Innerstes beschrieb. Es war also ein voller Erfolg. Aber Sie ahnen vielleicht schon, wie die Auflösung ausfällt. Ich bat jetzt die Beteiligten, ihre Horoskope untereinander auszutauschen und erneut zu lesen: Alle hatten exakt denselben Text bekommen.

Dieser Test ist unter dem Namen «Forer Experiment» bekannt geworden. Falls Sie mehr über Forers Arbeit wissen wollen: In «Ich weiß, was du denkst» habe ich das Phänomen bereits vorgestellt. Natürlich fragen Sie sich jetzt: Was war das für ein Test? Den genauen Wortlaut möchte ich hier nicht abdrucken, um ein wenig von dem Geheimnis zu bewahren. Vielleicht versuchen Sie es einfach selbst mal. Ich möchte hier ausschließlich beschreiben, wie ich beim Schreiben vorgegangen bin. Ich habe es mit meinem «persönlichen» Horoskop geschafft, über sechs DIN-A4-Seiten einen so starken Rapport aufzubauen, dass die betroffenen Personen mir danach fast alles geglaubt hätten – die Technik ist also zweifellos sehr machtvoll und gleichzeitig gefährlich, wenn sie in die falschen Hände gerät.

Und so geht's!

In «Ich weiß, was du denkst» hatte ich bereits beschrieben, dass es für jeden von uns sieben zentrale Themenbereiche gibt, für die wir uns interessieren.

Um das Gefühl von Nähe und Rapport zu erzeugen, könnten Sie sich erst einmal aus diesen Bereichen einen aussuchen, bearbeiten und ansprechen. Beobachten Sie dabei Ihr Gegenüber und beobachten Sie, ob Sie mit Ihrer Vermutung einen Treffer landen konnten oder nicht.

Übrigens: Im Kapitel «Gesichter» folgen noch ein paar Anhaltspunkte, die Ihnen helfen, das zu erkennen.

- Versetzen Sie sich in die Lage Ihres Gegenübers: Angenommen, Sie gehen zu einem Menschen, der Ihnen helfen soll. Wieso tun Sie das? Wahrscheinlich weil es in einem der folgenden Lebensbereiche nicht so läuft, wie Sie sich das vorstellen. Dazu gehören immer:
  – Gesundheit,
  – Liebe (auch Sex),
  – Geld,
  – Beruf.
  Das sind die vier wichtigsten. Den Rest bilden:
  – Hoffnungen und Zukunft,
  – Bildung (Wissenserwerb) und
  – Reisen sowie Ortswechsel.
- Diese Themen interessieren jeden. Garantiert. Es lohnt sich also, die Liste genau im Kopf zu haben.
- Hinzu kommt ein zweiter Faktor: Jeder Mensch hat ein weiteres Thema, das ihn über alle Maßen angeht: sich selbst.

Schmeichelhaftes für alle Lebenslagen

Ansonsten würden nicht in jeder Tageszeitung, auch in den seriösen, tagesaktuelle Horoskope abgedruckt werden. Jeder will etwas über sich und sein Leben erfahren. Aus diesem Grund können Sie ja auch ganz leicht Rapport mit jemandem herstellen, indem Sie ihn über sich selbst reden lassen. Das steht schon in dem Buch «Wie man Freunde gewinnt. Die Kunst, beliebt und einflussreich zu werden» von Dale Carnegie. Er gibt einen einfachen und sehr guten Tipp: «Überzeugen Sie Ihr Gegenüber, ein fantastischer Gesprächspartner zu sein, indem Sie ihn dazu bringen, über sich selbst zu reden. Ab dem Moment können Sie zuhören, mit Spiegeln beginnen und ihn zum Weiterreden ermuntern.»

Die Vorgehensweise, die ich Ihnen hier an die Hand gebe, hat noch drei weitere große Vorteile:

- Erstens hat Ihr Gegenüber nie den Eindruck, dass es ausgefragt worden wäre.
- Zweitens: Ihr Gegenüber glaubt, Sie könnten Gedanken lesen.
- Drittens: Selbst wenn Sie mit einer Äußerung danebenliegen, es gibt immer einen glaubwürdigen Weg, das Ganze so zu drehen, dass Sie letztendlich doch recht behalten. Dabei kommt es nur auf Ihre Pfiffigkeit und Ihr rhetorisches Geschick an.

Ich hab noch was vergessen: Schätzen Sie zuerst ganz grob das Alter Ihres Gegenübers. Sobald Sie es eingeordnet haben, können Sie loslegen. Es ist nämlich so, dass wir zwar alle denken, wir wären überragend einzigartige Individuen und hätten unsere ganz persönlichen und unsere ganz eigenen Sorgen, aber in Wirklichkeit sind unsere Probleme fast immer typisch für eine bestimmte Lebensphase und sehr wohl vorhersehbar, weil sie von den allgemeinen Bedingungen in einer Lebensphase beeinflusst werden. Ein Achtzehnjähriger hat andere Dinge, die ihn beschäftigen, im Kopf als ein Sechzigjähriger. Über dieses Phänomen wurde bereits in den siebziger Jahren ein sehr umfangreiches Buch geschrieben. Es ist von Gail Sheehy, einer Journalistin und Rednerin, und heißt «Passages, Predictable Crises of Adult Life». Das Buch war ein durchschlagender Erfolg und kletterte auf Platz eins der Bestsellerliste in den USA.

Ein paar Jahre später erschien eine deutsche Übersetzung mit dem Titel «In der Mitte des Lebens. Die Bewältigung vorhersehbarer Krisen». Das sollten Sie unbedingt lesen. Denn wenn Sie das Alter einer Person kennen, dann können Sie mit dem, was ich Ihnen im nächsten Kapitel erläutere, sehr treffsicher sagen, was den Menschen, der vor Ihnen sitzt, beschäftigt. Genau das habe ich in meinem Markus-Lanz-Horoskop auch versucht, und offensichtlich gelang es. Hier waren die Personen, bei denen meine Mutmaßungen ins Schwarze trafen, zwischen fünfunddreißig und fünfundfünfzig Jahre alt. Also, los geht's!

Zwischen achtzehn und fünfunddreißig

Männer zwischen achtzehn und fünfunddreißig Jahren interessieren sich für ihre berufliche Laufbahn und ihre professionellen Ziele. Danach kommt ihre Beziehung zu Frauen. Auch wenn sie keine feste Freundin haben, ist dieses Thema interessant: Sie wägen auf jeden Fall die Möglichkeiten ab, wie es wäre, zu heiraten und eine Familie zu gründen. In diesem Alter haben fast alle den Eindruck, alles würde zu langsam gehen, und sie sehen ihre Talente von den anderen unterschätzt und nicht wirklich gewürdigt. In dieser Zeit suchen sich viele Männer einen Mentor, jemanden, der sie unter seine Fittiche nimmt und sie an seiner Lebensweisheit teilhaben lässt oder ihnen auch Einblicke ins Geschäftsleben ermöglicht. Sie fragen sich ständig, ob sie ein erfolgreiches Leben führen werden und auf welchem Feld sie sich weiter fortbilden oder welche von ihren Fähigkeiten sie doch besser noch ausbauen sollten. Das bisher Gelernte reicht ihnen in aller Regel nicht. Geld und Ansehen spielen eine große Rolle. Die jungen Herren fragen sich natürlich auch, wo am besten Geld zu verdienen sei und wie sie ein Stück vom großen Kuchen abbekommen könnten.

Frauen im Alter zwischen achtzehn und fünfunddreißig Jahren wollen entweder wissen, ob sie noch den Richtigen treffen werden – oder ob sie ihn sogar schon kennen – und womöglich bereits mit ihm zusammen sind. Für sie ist von Interesse, ob sie finanziell einmal abgesichert sein werden, und sie fragen sich, was sie dafür tun können, um für ihre Kinder und sich selbst ein Höchstmaß an Sicherheit und Schutz zu erlangen. Hinzu kommt der für sie wichtige Aspekt der weiteren menschlichen Beziehungen. So denken sie intensiv darüber nach, wie sie sich selbst möglichst attraktiv präsentieren können. Warum sie mit einer bestimmten Person oder einer speziellen Angelegenheit Schwierigkeiten haben.

Sie spüren ab dreißig die aufkommende Sorge in Bezug aufs Älterwerden und denken über ihre Rolle in der Familie nach. Die meisten heiraten mit Ende zwanzig oder Anfang dreißig. Ihre Beziehungen vor der Ehe beurteilen Sie im Nachhinein meistens als negativ. Oder bestenfalls als gute Erfahrung. Sie wollen wissen, ob sie den Mann bekommen können, den sie haben wollen, und ob sie in der Lage sind, ihn an sich zu binden. Viele Frauen in der Lebensphase zwischen zwanzig und dreißig haben Angst vor einer ungewollten Schwangerschaft. Ihre eigene Mutter spielt bei ihnen eine große Rolle – im guten oder im schlechten Sinne.

Sie können aber auch beruflich sehr ambitioniert sein, Männer kritisch sehen bis verabscheuen oder erst mal von zukünftigem Lebenserfolg und einer späteren Heirat mit dem Richtigen träumen. Eines aber gilt für alle: Die Zukunft scheint ungewiss, und man tut alles, um die richtigen Pfade schon mal einzuschlagen – egal, ob jemand eher berufs- oder heiratsorientiert ist.

Beide Geschlechter, Männer wie Frauen, im Alter zwischen achtzehn und fünfunddreißig Jahren fühlen Folgendes: Während der letzten Jahre der Teenagerzeit und den frühen Zwanzigern probieren sie vieles aus, um sich selbst zu finden. Gern entwickelt man während seiner Jugendzeit Ideen, Marotten und Fimmel, die möglichst weit von den Vorstellungen der Eltern entfernt sind, um sich zu spüren und abzugrenzen.

Nach außen wirken sie so zwar selbstsicher, in Wirklichkeit liegt hinter dieser oft übersteigerten Selbstsicherheit ein deutliches Gefühl von Angst. Das zentrale Lebensziel besteht in diesem Abschnitt darin, überall Sicherheit zu suchen, seine Rolle zu finden, etwa in der Partnerschaft, in seiner beruflichen Konstellation, aber auch in Überzeugungen und Ideologien eine Heimat, ein Raster aufzudecken. In dieser Phase sucht jeder Gleichgesinnte, die die eigenen Haltungen noch bestätigen und Mitstreiter sind, die einen verstehen.

So ist diese Phase geprägt von einem Gefühl der Zerrissenheit: Auf der einen Seite will man unabhängig sein, auf der anderen Seite braucht man ein deutliches Gefühl von Sicherheit. In den Zwanzigern versucht jeder, seinen Traum zu träumen, den er hoffentlich auch einmal verwirklichen kann. Berufliche Entwicklung und Beziehungen sind das A und O. Wir versuchen das zu tun, wovon wir denken, dass wir es tun sollten. Aber es ist oft ein Hin und Her zwischen einem Sich-festlegen-Wollen und dem Ausprobieren neuer Möglichkeiten. Die meisten von uns versuchen einerseits, sich nicht zu sehr zu etwas zu verpflichten und immer flexibel zu bleiben, und andererseits wollen sie trotzdem vor sich selbst bestehen und immer die Gewissheit haben, den richtigen Weg einzuschlagen und den auch konsequent zu verfolgen.

Mit dreißig haben wir das Gefühl, uns zu sehr einzuengen mit dem, was wir schon festgelegt haben, und allgemein zu restriktiv vorzugehen. Wir spüren einen zweiten Lebenskraftschub. Sehr oft finden jetzt ein Berufswechsel und eine Neuausrichtung der Lebensziele statt. Oft haben wir auf einmal das Empfinden, unnötig Zeit zu verlieren mit dem, was wir gerade tun. Viele Menschen in diesem Alter besuchen eine Abendschule oder gehen nochmals zur Universität und bilden sich beruflich fort oder schlagen sogar noch einmal einen ganz neuen Weg ein.

Im Alter von ungefähr fünfunddreißig Jahren dann konzentriert man sich ganz auf den Beruf. Menschen in dieser Phase haben das Gefühl, dass ihre Lebenszeit langsam zu knapp wird, um alle Ziele zu erreichen. Daher geben sie alles, damit sie beruflich noch einen Schritt vorankommen. Sie geben richtig Gas, weil sie denken, dies sei die letzte Chance, etwas aus sich zu machen. Ab dieser Phase werden oft andere Bedürfnisse außerhalb des Jobs zugunsten der beruflichen Karriere vernachlässigt. Die werden einem meist erst wieder ab vierzig bewusst werden.

Von fünfunddreißig bis fünfundfünfzig

Männer in dieser Lebensphase wollen's noch mal wissen. Eine wichtige berufliche Entscheidung, eine große Investition oder ein bedeutendes Projekt: Was zahlt sich aus, und was entwickelt sich gut? Des Weiteren beschäftigen sie sich immer noch sehr intensiv mit der Frage: Was geht noch? Was ist mein wichtiges Ziel, mein Traum? Was lässt sich jetzt noch in die Tat umsetzen? Die Herren fragen sich, was aus all ihren früheren Zielen, Hoffnungen und Ambitionen geworden ist. Was wäre, wenn? Was wäre, wenn ich mich damals anders entschieden hätte? Wie würde dann mein Leben aussehen? Das sind die klassischen Lebensfragen. Manche wünschen sich, sie könnten wieder ganz von vorne anfangen. Auch die Beziehungsebene rückt ins Blickfeld. Sie fragen sich, warum andere sie missverstehen oder nicht mögen, und sie beginnen, sich um ihre Gesundheit zu sorgen.

Frauen im Alter zwischen fünfunddreißig und fünfundfünfzig Jahren wollen sich sicher sein, dass sie gerade die richtigen Entscheidungen treffen. Sie denken über den Job, endlich über Hochzeit, ihre Beziehung zum Partner und dessen Aufrichtigkeit nach. Manche überlegen jetzt, ob sie aus ihrem schon Routine werdenden Alltag ausbrechen und die Welt sehen wollen. Sie bemerken die ersten körperlichen Problemchen und Einschränkungen. Sie beginnen, sich Sorgen um ihre Kinder zu machen, bangen und fragen sich, ob – und wann – das Einkommen des Mannes weiter steigen wird. Außerdem kann es gut sein, dass sie in dieser Zeit die Loyalität des Partners in Frage und auf den Prüfstand stellen. Viele begraben ihre Teenagerhoffnungen, und manche werden melancholisch, wenn nicht unglücklich und unzufrieden.

Beide Geschlechter fühlen jetzt in mancherlei Beziehung Ähnliches: Im Alter um die vierzig Jahre wechseln viele den Job und auch den Partner. Die Lebensphasen zwischen Ende dreißig und Anfang vierzig sind geprägt durch eine Neubewertung und möglicherweise einen Wandel.

Ab ungefähr fünfundvierzig Jahren kommt das Leben dann wieder in ruhige Bahnen, und die Situation wird stabiler. Diejenigen, die zeitweise in einer Lebenskrise steckten, finden einen neuen Sinn. Diejenigen, die noch keine durchlebt haben, spüren höchstwahrscheinlich eine innere Stagnation, die es aufzulösen gilt. Die Ziele von Männern und Frauen laufen nicht selten diametral auseinander. Frauen suchen nach neuen Gipfeln, die sie erklimmen können, Männer nach Möglichkeiten, es bald ruhiger angehen zu lassen, und geben vielleicht sogar ihre hochgesteckten Ziele aus der Twenphase auf.

Ab der zweiten Lebenshälfte

Männer ab fünfundfünfzig fragen sich plötzlich, wie lange sie noch leben werden. Manche, deren Beziehung nicht mehr befriedigend ist, wollen nochmals eine echte Liebe erleben. Noch einmal neu bewundert werden. Sie überlegen sich, was sie mit ihrem Geld anfangen könnten, schmieden verwegene Pläne, aber gleichzeitig quält sie der Gedanke, einmal ernsthaft krank zu werden. Manche sorgen sich um die finanzielle Situation im Alter, ihre Lebensbedingungen nach dem Job, und überlegen nochmals neu, wem sie trauen können, wenn es um die Wahrung ihrer Interessen geht.

Im Alter zwischen fünfzig und fünfundfünfzig geraten Männer in eine Art Wechseljahrphase. In dieser Zeit kommen all die Emotionen hoch, die um der Karriere willen, jahrelang unterdrückt wurden. Das führt in vielen Fällen zu einem Gefühl von Traurigkeit oder gar Verzweiflung. Diese Phase ist für den Betroffenen sehr schwierig. Es ist, als würden diese unterdrückten Gefühlsblasen größer und größer werden und geradewegs platzen.

Frauen ab fünfundfünfzig Jahren denken darüber nach, ob sie – sofern sie Witwe sind – wohl allein bleiben oder – sofern sie Ehefrauen sind – vor ihrem Mann sterben werden. Sie fragen sich, ob sich eine an sich lukrative Investition noch lohnt oder ein Plan für die späteren Jahre noch umgesetzt werden kann. Sie wägen alles noch intensiver ab und holen beim Arzt stets eine zweite Meinung ein. Auch sie wollen wissen, ob sie je wieder richtig lieben werden und was sie gegen die Gefühle von Traurigkeit tun können, falls sie in ihrer Beziehung unglücklich sind. Werde ich nochmals so unbeschwert wie damals sein können? Dieser Gedanke lässt sie nicht los.

Und Männer und Frauen ab fünfundfünfzig Jahren emp-finden so: Diejenigen, die ihre Emotionen, Höhen und Tie-fen, gut verarbeiten konnten, erreichen eine neue Ebene des Glücks. Sie sind selbstbewusst und äußern ihre Meinung sehr direkt. Sie werden aktiver und leben richtiggehend in-dividualistisch. Fast fühlt sich dieses Leben wie eine zweite Jugend an. Sie denken zwar über ihre Vergänglichkeit nach, fragen sich natürlich, ob ihnen irgendwann eine ernsthafte Operation bevorsteht, aber manche können solche trüben Gedanken eine Zeitlang verdrängen. Die Vorstellung von Vergänglichkeit löst immer Angst aus, aber die bestimmt nur indirekt das Handeln.

Eine kleine Geschichte der Hypnose in 7500 Zeichen

Sobald das Wort «Hypnose» auftaucht, denken die meisten Personen an willenlose, ferngelenkte Menschen, die völlig unter dem Einfluss einer mächtigen Person stehen. Das ist in der Regel die und erste Erklärung, die abgegeben wird. Erst beim zweiten Nachhaken und weiteren Nachdenken kommt jedem der medizinische Nutzen der Hypnose in den Sinn. In meinen bisherigen Büchern habe ich den Begriff vermieden. Aus gutem Grund. Ich tat das, weil ich den Eindruck hatte, dass die meisten Menschen sofort eine ablehnende Haltung einnehmen, sobald das Wort «Hypnose» fällt. In der Tat: Sie hat einen leicht negativen Beigeschmack. Die meisten Menschen empfinden einen Widerwillen und eine natürliche Abwehrreaktion gegen Attacken auf ihre Selbständigkeit und Selbstbeherrschung.

Dennoch hatte ich bei meinen früheren Auftritten nie Probleme, für Hypnoseexperimente Probanden auf die Bühne zu bitten. Das Publikum spaltete sich in solchen Momenten immer in drei Lager: die Abgeneigten, die neutralen Beobachter und die Neugierigen. Die Neugierigen stürmten sofort die Bühne und ließen sich im Nu darauf ein. Eines hatten alle Gruppen jedoch gemeinsam: Sie waren fasziniert von dem, was da passierte. Diese Faszination existiert schon lange, denn die Hypnose hat bereits eine beachtliche Geschichte zu verzeichnen.

Schon aus dem Altertum sind uns Berichte über den sogenannten «Tempelschlaf» überliefert – einer Urform der Hypnose. Denn in Griechenland gingen Kranke zu Priestern und legten sich nach einführenden Waschungen und Ritualen im Tempel schlafen. Dann flüsterten die Priester ihnen Suggestionen ins Ohr, um ihre Selbstheilungskräfte zu aktivieren.

Bereits der Kölner Gelehrte Heinrich Cornelius Agrippa von Nettesheim (1486–1535) benutzte Hypnose und beschrieb sie in seinen Werken. Das war damals, in Zeiten der Inquisition, nicht ungefährlich. Folglich wurde er als Zauberer und Hexer eingesperrt. Nachdem er dann aber sogar im Gefängnis Menschen geheilt hatte, ließ man ihn wieder frei. Glück gehabt, das hätte auch mit rausgerissenen Fingernägeln oder auf dem Scheiterhaufen enden können.

Der erste richtige Hypnotiseur im heutigen Sinne war Franz Anton Mesmer (1734–1815). Er kam aus Iznang am Bodensee. Seine Hypnoseexperimente waren so spektakulär, dass im englischen Sprachgebrauch das Wort «mesmerized» noch heute für «gebannt» oder «gefesselt» steht. Er scheint also ein echt cooler Hund gewesen zu sein – und außerdem noch ein Freund von Wolfgang Amadeus Mozart. Mesmer glaubte, dass alle Dinge durch ein magnetisches Fluidum miteinander verbunden seien. Eine Unterbrechung dieses natürlichen Energieflusses führe zur Krankheit. Sobald er durch seine «magnetischen Striche» die Energie wieder in die richtigen Bahnen lenke, könne der Kranke geheilt werden. Mesmer machte magische Bewegungen über den Körpern der Kranken, um sie gesund zu machen. Zuerst mit Magneten, später mit bloßen Händen. Er wusste schon zu seiner Zeit, dass Showeffekte eine große Wirkung haben. Seine Sitzungen waren immer eine Sensation: Er trat in violetten Gewändern auf und ließ im Hintergrund der Vorführungen Musikerinnen auf einer Glasharfe musizieren.

Seine Patienten ließ er mit zusammengepressten Knien um einen Wasserbottich herum Platz nehmen. So könne die Energie, das magnetische Fluidum, besser fließen, betonte Mesmer dabei. Aus dem Bottich ragten Eisenstangen, an denen Drähte befestigt waren. Die Teilnehmer der Sitzung sollten diese Eisenstäbe in den Händen halten, um die magnetische Energie von einem zum anderen gelangen zu lassen. Während der Sitzungen streichelten die sehr attraktiven Assistentinnen Mesmers die Patienten an sensiblen Körperstellen – einige der Patienten waren derart «mesmerized», dass sie ekstatische Zuckungen bekamen. Dann erschien der Meister selbst, um die gebannten Sitzungsteilnehmer mit einem der Eisenstäbe zu beruhigen, indem er damit ihre Gesichter, den Magenbereich und die Brüste berührte – da kann ich nur sagen: Augen auf bei der Berufswahl, ich schüttele meinen Zuschauern gerade mal die Hand. Schließlich wurde vom französischen König eine Kommission eingesetzt, um die Behandlungsmethoden Mesmers näher zu untersuchen.

Diese Kommission, bestehend aus Ärzten und Wissenschaftlern, befand seine Arbeit als unwissenschaftlich. Sämtliche Heilerfolge seien der Einbildungskraft der Patienten zuzuschreiben. Interessanterweise hatten die Wissenschaftler damit vollkommen recht, schließlich kommt alle Macht von innen … Den Wissenschaftlern war egal, dass gerade die übertriebene theatralische Aufmachung der Sitzungen bei vielen Patienten zur Heilung führte. Leider ist zunächst nicht weiter in diese Richtung geforscht worden. Stattdessen hat man Mesmers Arbeit verboten. Ich glaube, die Kommissionsmitglieder waren nur neidisch: Sie hätten sicher auch gern mal die Brüste der Pariser High-Society-

Damen mit Eisenstäben gestreichelt. Das ist jedoch eine reine Mutmaßung meinerseits.

Dennoch, das Thema hat die Menschen weiterhin fasziniert. Im Jahr 1819 fand der Portugiese Abbé Faria (1746–1819) heraus, dass der Trance- oder hypnotische Zustand auch ohne Fluidum und allein durch überzeugende Suggestion herbeigeführt werden kann. Er trat einfach vor die betreffende Person, sah ihr konzentriert in die Augen und sagte plötzlich: «Schlaf!» Die Hälfte der angesprochenen Personen fiel daraufhin sofort in Trance. Heute ist dieses Phänomen als Blitzhypnose bekannt.

Der eigentliche Begriff «Hypnose» wurde von James Braid (1795–1860), einem schottischen Augenarzt, geprägt. Das war 1819. Er befasste sich intensiv mit der Technik – mit dem Ziel, sie zu entlarven. Zu seinem großen Erstaunen bemerkte er dabei, dass sie funktionierte. Zur Läuterung für seine Ungläubigkeit nannte er den Zustand «Hypnose», nach dem griechischen Wort «Hypnos» für Schlaf. Trotz seiner Erfolge erntete aber auch Braid nur Spott von seinen Kollegen.

In Frankreich prüfte dann der Arzt Ambroise-Auguste Liébault (1823–1904) die Wirkung von Braids Experimenten und konnte sie so bestätigen. So wurde Hyppolite Bernheim (um 1840–1919) darauf aufmerksam und führte die Hypnose und Suggestion als Behandlungsmethode in der Klinik von Nancy ein. Zusammen mit Liébault gründete Bernheim die sogenannte Schule von Nancy. Das war der Beginn der wissenschaftlichen Anwendung dieser Heilmethode.

Kurze Zeit später erregten die Arbeiten von Sigmund Freud (1856–1939) großes Aufsehen. Freud war selbst ein

Schüler der Schule von Nancy. Seine Werke über die Psychoanalyse schlugen ein wie eine Bombe. Zu dieser Zeit wurde die Methode als seriöse Therapieform noch kaum beachtet. Die Industrielle Revolution war in vollem Gange. Man hatte gerade andere Interessen. Neue Formen der Energiegewinnung (z.B. Dampfmaschine) sowie die Entwicklung neuer Maschinensysteme (z.B. Webmaschine) eroberten Wissenschaft und Technik.

Einen sollte ich aber noch nennen: Milton H. Erickson (1901–1980). Er gilt bei vielen Menschen als wahre Lichtgestalt, und ihm werden nahezu magische Fähigkeiten nachgesagt. Erickson ist nämlich der Vater der modernen Hypnotherapie. Er litt an Kinderlähmung und konnte mit seinen Methoden sein eigenes Leiden mittels Selbsthypnose lindern. Seine Herangehensweise war vollkommen neu. Statt als autoritärer und mystischer Hypnotiseur aufzutreten, nahm er sich als Person zurück und stellte nicht sich, sondern seine Patienten in den Mittelpunkt. Gerade dadurch machte er die Hypnotherapie reif für die Moderne und erhielt einen Status und eine Anhängerschaft, die Mesmer – trotz seiner violetten Anzüge – sehr blass werden ließ. Nun können wir uns dem praktischeren Teil des Phänomens zuwenden und uns damit beschäftigen, was die Hypnose mit uns macht.

Wie geht das, in Tiefschlaf versetzen?

Ich wurde schon in sehr vielen meiner Radio- und Fernsehinterviews gebeten, einen Menschen live in Trance zu versetzen. Ich habe mich stets geweigert, dies zu tun. Ich tat es hauptsächlich, weil ich wusste, dass die von mir ausgesprochenen Worte nicht nur den jeweiligen Zuschauer im Raum erreichen, sondern auch die, die sonst wo zuhören oder zuschauen. Ich hatte einmal in einer Sendung jemanden hypnotisiert. Als ich meine Worte ausgesprochen hatte, war nicht nur der Zuschauer in Trance, sondern auch der Toningenieur, der meinen Beitrag per Kopfhörer mitverfolgt hatte. Es wäre folglich hochgradig leichtsinnig und unmoralisch, einen Menschen unkontrolliert zu hypnotisieren, ohne sicherzustellen, wen man mit der Hypnose erreicht. Bei einer Livesendung würden wahrscheinlich auch Hunderte von Autofahrern auf mein Kommando einschlafen, sobald ich so was im Radio machen würde. Das hätte zwar eine große Schlagzeile zu Folge, aber dies ist eine Form von PR, die ich nicht suche.

Genauso wenig übrigens, wie ich die Aufmerksamkeit über das RTL-Dschungelcamp auf mich ziehen möchte. Der Sender hatte bei mir nachgefragt, ob ich mitreisen möchte. Dort könnte ich Tierhoden essen, Elektroschocks bekommen, sei mit abgerutschten Promis eingesperrt und würde rund um die Uhr beobachtet. Na ja, das alles ist zwar ein sehr aufregendes psychologisches Experiment – ich nehme aber lieber mit einem Glas Single Malt in meinem Wohnzimmer daran teil. Das Ganze kommt mir eher vor wie eine Mischung aus den Sendungen «Lost» und «Teletubbies». Darum lehne ich so etwas stets ab.

Unvorstellbar, bei einem Fernsehauftritt wären noch mehr Menschen gefährdet, aus Versehen in Trance zu fallen. Bei mittelmäßigen Bedingungen sind bei einer Sendung eine Million Zuschauer dabei – und das wäre noch eine sehr schlechte Quote. Es wären buchstäblich Hunderttausende gefährdet, mithypnotisiert zu werden. Eine gewaltige

Menge und gigantische Reichweite für eine hypnotische Manipulation. Selbst wenn von dieser großen Zahl nur eine Handvoll Menschen ganz auf die Manipulationen ansprechen würde, wäre die Gefahr, die davon ausginge, immens. Wissen Sie, lieber Leser, zu hundert Prozent, dass Sie nicht dazugehören würden?

Eine der perfidesten Manipulationen wäre ein sogenannter posthypnotischer Befehl. Das sind Anweisungen, die dem Zuschauer während der Hypnose mit der Aufforderung gegeben werden, sie erst zu einem späteren Zeitpunkt auszuführen. Ich erinnere mich an eine Hypnoseshow, die ich einmal in einem Freizeitpark gesehen habe. Dort wurde den Zuschauern auf der Bühne befohlen, bei dem Wort «super» sofort wieder in den hypnotischen Zustand, die Trance, zurückzufallen. Dieser Befehl wurde vom Hypnotiseur nicht wieder rückgängig gemacht. Zufällig stand ich zirka eine Stunde später direkt hinter einem der hypnotisierten Zuschauer in der Warteschlange für die Achterbahn. Er unterhielt sich mit seiner Freundin und sagte sinngemäß: «Hast du eigentlich kein mulmiges Gefühl vor der Fahrt?» Die Freundin sagte: «Nein, ich glaube, das wird super ...!» Und ruck, zuck befand sich ihr Freund wieder in Trance und war nicht mehr ansprechbar. Die Dame an der Kasse wählte sofort auswendig (!) die Nummer des Hypnotiseurs. Der kam auch umgehend und weckte den jungen Mann wieder auf. Der Befehl wurde erst dann gelöscht. Die Kassiererin meinte, das sei jetzt schon das dritte Mal in dieser Woche passiert!

Was genau ist denn da schon das dritte Mal in einer Woche geschehen? Nun, eine Definition steht in Kurt Tepperweins Buch «Die hohe Schule der Hypnose». Demzufolge ist Hypnose nach Dr. L. Chertok ein «vorübergehender Zustand veränderter Aufmerksamkeit beim Patienten, ein Zustand, in dem verschiedene Phänomene spontan oder als Reaktion auf verbale und andere Reize auftreten können. Diese Phänomene umfassen eine Veränderung des Bewusstseins und des Gedächtnisses sowie eine gesteigerte Empfänglichkeit für Suggestionen und Gedanken beim Patienten, die ihm in seinem gewohnten Geisteszustand nicht vertraut sind. Unter anderem können im hypnotischen Zustand Phänomene wie Anästhesie, Paralyse, Muskelstarre und vasomotorische Veränderungen hervorgerufen und unterdrückt werden.» Wichtig ist meines Erachtens die Tatsache, dass dieser Zustand sowohl von einem Hypnotiseur verursacht werden kann als auch von uns selbst. Im zweiten Fall nennen wir das aber nicht mehr Hypnose, sondern Meditation.

In dieser Definition steht auch, warum ich dem Thema «Hypnose» in diesem Buch so viel Aufmerksamkeit schenke: In dieser Seinsform haben wir eine gesteigerte Empfänglichkeit für Suggestionen. Das ist Manipulation auf höchster Ebene. Vernünftige Menschen umarmen auf der Bühne einen Besenstiel, spielen auf einem unsichtbaren Klavier und essen eine Zwiebel, weil sie denken, es handele sich dabei um einen Apfel. Ich rede hier freilich nur von Showhypnose, mit der kenne ich mich besser aus, die habe ich gelernt.

All das mag einem zwar äußerst fragwürdig und niveaulos erscheinen – faszinierend ist es allemal. Und gerade bei der Showhypnose habe ich eines gelernt: Hypnose wirkt sehr stark. Wenn sie funktioniert! Man könnte auch wieder sagen: «Die Wirksamkeit ist das Maß der Wahrheit.» Dennoch bin ich bei meinen Auftritten auch einigen Menschen begegnet, die unbedingt auch mal im Mittelpunkt stehen wollten und einfach nur gespielt haben. Ein erfahrener Hypnotiseur erkennt solche Schauspieler sofort und schickt sie wieder an ihren Platz.

Würde so etwas auch über ein Buch funktionieren? Nun, streng genommen sind Sie jedes Mal in einem Trancezustand, wenn Sie völlig in die Lektüre eines Buchs vertieft sind und alles um sich herum vergessen. Was hoffentlich auch geschehen ist, als Ihre Augen über die Zeilen meines Buchs glitten. Denn während Sie meine Worte lesen, merken Sie, wie Sie – so ganz nebenbei – immer ruhiger und entspannter werden. Sie lassen alles andere los, weil Sie für die Lektüre die ganze Konzentration benötigen.

Machen wir doch mal einen kleinen Test. Er wird bei den meisten von Ihnen auf Anhieb klappen. Mit Hilfe dieses Tests habe ich übrigens meine Fernsehkarriere beginnen können. Diese Nummer war Bestandteil meiner TV-Sendung «Der Gedankenleser» im Januar 2005 und hatte durchschlagenden Erfolg.

Die magnetischen Finger einer Hand

- Setzen Sie sich entspannt hin. Legen Sie dieses Buch so neben sich, dass Sie noch bequem daraus lesen können und dabei beide Hände frei haben.
- Jetzt verschränken Sie bitte die Finger beider Hände, halten Sie sie vor sich und drücken Sie die Finger auf den Handrücken.
- Die Hände halten Sie jetzt wie bei einem Gebet. Die Finger drücken fest zu. Noch fester.

- Gleich, wenn ich es Ihnen sage, strecken Sie bitte beide Zeigefinger aus und drücken Sie sie fest zusammen. Jetzt!
- Drehen Sie nun die Zeigefinger nach außen, sowohl den rechten wie auch den linken.
- Gleich schauen Sie sich den dabei entstehenden Zwischenraum zwischen den Fingerspitzen Ihrer Zeigefinger an. Stellen Sie sich vor, in Ihre Zeigefinger wäre je ein Magnet eingebaut. Durch seine Kraft würden Ihre Fingerspitzen voneinander angezogen und bewegten sich automatisch wieder aufeinander zu. Los geht's!

Offen gestanden, es gibt neben der Kraft der Suggestion noch weitere Kräfte, die Ihre Finger dazu bringen, sich aufeinander zuzubewegen. Sobald die Muskeln in Ihrer Hand zu ermüden beginnen – und das tun sie schon, nachdem Sie die Hände lange zusammengepresst haben –, bewegen sich die Zeigefinger automatisch aufeinander zu. Sobald dieser erste Impuls von Ihnen wahrgenommen wurde, sind Sie bereits der Überzeugung, dass das Experiment klappt, und die Finger bewegen sich, unterstützt durch Ihre Vorstellungskraft, erneut aufeinander zu. Dieser Trick ist sehr gut geeignet, um eine Reihe von «echten» Suggestionen einzuleiten. Damit werden wir uns später noch beschäftigen.

Ein schöner Weg in die Tiefen des Ichs
Bevor Sie mit der eigentlichen Hypnose beginnen, brauchen Sie unbedingt das Vertrauen des Menschen, den Sie in Trance versetzen wollen. Dessen müssen Sie sich sicher

sein. Stellen Sie sich vor, ein ungepflegter Typ mit schlecht-
sitzenden Achtziger-Jahre-Klamotten und Bierfahne würde Ihnen vorschlagen, Sie zu hypnotisieren. Ich hoffe, Sie
würden das ablehnen. Übrigens sehen achtzig Prozent der
Disko- und Jahrmarktshypnotiseure genauso aus, anschei-
nend stört das nicht so viele Menschen! Außer Sie natürlich!
Sie brauchen also das Vertrauen Ihres Partners, sonst klappt
es nicht. Ich finde es übrigens sehr interessant, dass es zahlreiche selbsternannte Hypnotiseure gibt, die beispielsweise – ganz ohne medizinische Ausbildung – Hypnose zur
Raucherentwöhnung oder auch zum Schlankwerden nutzen wollen und ihre Dienste anbieten. Bezeichnend ist, dass
sehr viele dieser Lebenshelfer selbst rauchen wie ein Schlot
und eine ordentliche Wampe vor sich herschieben. Mich
stört so etwas überhaupt nicht, es passt aber echt nicht in
das Bild, das sie gern von sich zeichnen. Also, Achtung und
aufgepasst.

Begeben Sie sich nur in die Hände von echten Könnern.
Ich würde dem Angebot eines solch unglaubwürdigen Hypnotiseurs nicht trauen. Wichtig ist für Sie: Vertrauen schaffen Sie, wenn Sie mit jeder Pore ausstrahlen, dass Sie genau
wissen, was Sie tun. Und dazu brauchen Sie Wissen und Erfahrung. Es darf keinen Zweifel an Ihrer Kompetenz geben.
Mein Hypnoselehrer hat mich bei meinem ersten Versuch
dem Publikum mit den Worten vorgestellt: «Hier kommt
ein sehr erfahrener und bekannter Hypnotiseur.» Das war
glatt gelogen, denn ich war zu diesem Zeitpunkt weder
erfahren noch bekannt. Aber er hat mit diesen Attributen
etwas sehr Wichtiges für mich getan, denn im Publikum
gab es nun keinen Zweifel mehr daran, dass hier jemand
auftritt, der etwas von seinem Handwerk versteht. Das ist

eine Binsenweisheit: Zunächst müssen Sie Ihren Partner abholen, bevor Sie ihn irgendwohin bringen können. Damit will ich sagen, dass Sie nur sehr selten auf eine Person treffen werden, die sofort in Trance fällt, nur weil Sie beschwörerisch zu ihr sagen: «Schlaf!»

Eine sehr gute Methode, Ihr Gegenüber für die Trance zu öffnen, gibt uns die NLP-Technik – das Neurolinguistische Programmieren –, die Sie bereits kennengelernt haben, an die Hand. Mit dem sogenannten Pacing, also dem «Angleichen» oder «Mitgehen», wird ein Gleichklang erzeugt. Anstatt Sie also aufzufordern: «Sie müssen jetzt gähnen», sollte ich besser sagen: «Indem Sie nur dasitzen und das Buch betrachten, konzentrieren Sie sich immer stärker auf diese Wörter. Je mehr dieser Wörter Sie lesen und je mehr Sie versuchen, nicht darüber nachzudenken, desto mehr werden Sie das unbändige Verlangen verspüren zu gähnen.» (Während ich einmal diese Zeilen tippte, gähnte ich dreimal.)

Der zweite Abschnitt ist deshalb so viel effektiver, weil ich die Situation, in der Sie sich gerade befinden, bereits als Ausgangsbasis für meine Suggestion nutzen konnte. Um Ihr Gegenüber auf eine Hypnose einzustimmen, sagen Sie etwa Folgendes: «Bitte setz dich bequem hin. Während du jetzt dasitzt, schließt du deine Augen und hörst genau auf meine Worte. Du spürst den Stuhl unter dir und deine Arme auf den Stuhllehnen. Während du all das spürst und mir zuhörst, entspannst du dich tiefer und tiefer. Dein Atem ist gleichmäßig und ruhig. Du entspannst dich bei jedem Wort tiefer und tiefer – immer tiefer und tiefer.»

Dieses Beispiel zeigt: Die Kunst liegt darin, erst mit Pacing anzugleichen und dann zwei verborgene Befehle zur

Führung (zum Leading) unterzubringen. Ihr Übungspartner wird seine Arme auf den Stuhllehnen und den Stuhl unter seinem Körper spüren, sobald Sie ihn darauf aufmerksam machen. Leiten Sie jetzt die Entspannung ein, dann wird Ihr Medium sofort Ihr Vorhaben akzeptieren und höchstwahrscheinlich auf die Einleitung positiv reagieren und Ihnen Folge leisten. Sie können Ihr Medium auch hinsetzen und nach oben auf Ihren ausgestreckten Zeigefinger schauen lassen. Dabei könnten Sie folgende Sätze sagen: «Während du meine Stimme hörst und nach oben auf die Spitze meines Zeigefingers schaust, sitzt du immer entspannter auf deinem Stuhl. Du spürst, wie deine Augenlider schwer werden, während du mir zuhörst. So ist es gut. Du spürst weiterhin, wie sie blinzeln, und während du mir zuhörst, entspannst du tiefer und tiefer und spürst, wie deine Augenlider immer schwerer werden. Während du immer tiefer entspannst, werden deine Augenlider noch schwerer und schwerer. Du blinzelst immer öfter, und schließlich sind deine Augen so müde, dass sie sich schließen und du immer tiefer und tiefer entspannst.»

Diese wenigen Zeilen haben es in sich, denn sie geben wieder, was Ihr Gegenüber bald spüren wird. Der Effekt liegt darin, dass jeder müde wird, wenn er längere Zeit nach oben schaut und dabei einen Gegenstand fixiert. Wollen Sie den Showeffekt noch erhöhen, dann können Sie statt Ihres Fingers auch ein Pendel oder eine Uhr verwenden. Keine Angst: Die Augen werden in jedem Fall von ganz allein schwer. In dieser Situation blinzelt jeder vermehrt. Sie sollten also Ihren Partner genau beobachten und ihm genau das sagen, was Sie sowieso schon gerade beobachten. Ihr Medium wird also denken: «Wow, meine Augen werden wirklich schwerer, und ich muss wirklich öfter blinzeln. Alles, was der große Meister sagt, tritt ein. Ich sitze entspannt auf dem Stuhl, meine Augen werden schwerer, ich blinzele immer häufiger.» Bis hierhin war alles noch Pacing. Erst bei der Aufforderung zur Entspannung kommt das Leading ins Spiel. Damit begibt er sich mehr und mehr in Ihre Hände.

Auf einen Außenstehenden wirkt so etwas wie echte Zauberei: Ein machtvoller Mann hat sein Medium innerhalb weniger Augenblicke dazu gebracht einzuschlafen. In Wirklichkeit nutzen Sie aber nur alle Signale, die Sie von Ihrem Partner bekommen, aus, um ihm daraufhin mit einer Während-dann-Formel ein Feedback zu geben, nachdem Sie nur beschrieben haben, was Sie bei ihm beobachteten. Das ist der Stoff, aus dem die Träume sind.

Man kann auch alles, was im Zuschauerraum passiert, aufnehmen und an den Hypnotisierten als Rückmeldung weitergeben. Während einer Show in Hamburg hatte ich beispielsweise eine Dame auf die Bühne gebeten, die sehr suggestibel war, also sehr stark auf meine Suggestionen ansprach. Im Laufe der Einleitung (der Induktion) ging im Theater das Gebläse der Klimaanlage an. So was kann einen Probanden sofort aus seiner Entspannung reißen und die Hypnose in dem Moment stark erschweren oder sogar unmöglich machen. Die Gefahr, dass das passierte, war in diesem Augenblick groß. Die beste Möglichkeit schien mir darin zu liegen, das Geräusch in die Induktion zu integrieren. Also: «Du hörst, dass jetzt gerade die Lüftung angegangen ist. Es hört sich ein wenig an wie Meeresrauschen. Je mehr du auf dieses Meeresrauschen achtest, desto tiefer entspannst du dich ...»

Betonen

Sie sollten während der Einleitung oder Induktion Ihre Sätze immer gleichmäßig und ruhig sprechen. Stellen Sie sich mal den Synchronsprecher von Eddie Murphy vor, wie er versucht, Sie in einen Zustand absoluter Entspannung zu führen. Das klappt nicht wirklich. Ganz anders wirkt beispielsweise die Stimme des Schauspielers Christian Brückner, der seine Stimme Robert De Niro leiht. Der könnte sogar das Telefonbuch vorlesen, und man würde immer noch gebannt zuhören. Nur wenn Sie selbst vollkommen entspannt wirken, wird Ihr Partner Ihnen folgen. Stellen Sie sich vor, Sie würden einem Kind liebevoll etwas erzählen. Das hilft.

Bilder entstehen lassen

Sprechen Sie mit Ihren Worten alle Sinne Ihres Partners an. Schaffen Sie einen sanften Übergang in einen Zustand angenehmen Gleichklangs, indem Sie freundlich vorgeben, was er sehen, hören, fühlen, riechen und auch schmecken kann. So führen Sie ihn sanft in die Trance. Übrigens: Ich werde das Wort «Trance» von nun an bewusst immer wieder verwenden. Für uns soll Trance der «Zustand entspannter Aufmerksamkeit» sein. Die Diskussion darüber, ob es diesen Zustand nun wirklich gibt und wo seine Grenzen sind, werde ich an dieser Stelle ausklammern. Das ist jetzt kontraproduktiv und ist an anderer Stelle bereits ausgiebig getan worden.

Angenommen, Sie führen Ihren Partner in der Hypnose nach der Entspannungsphase in seinen Träumen auf eine Obstwiese unter einen Apfelbaum. Lassen Sie Ihr Gegenüber diesen Garten nicht nur sehen, sondern erzählen Sie ihm beispielsweise auch, dass es unter dem Apfelbaum liegt und das Gras unter seinem Körper spürt, den Duft der Blumen riecht und den Wind sanft durch die Baumwipfel wehen hört. Nur wenn alle Sinne angesprochen werden, fühlt sich die Szene für den Betreffenden echt an und ist greifbar nah. Er kann sich dann wirklich in die Situation hineinversetzen. Mein sehr guter Trainerfreund, Dr. Ingolf Glabbatz, von dem an späterer Stelle noch öfter die Rede sein wird, sagte in seinen Seminaren immer den Satz: «Wer alle Sinne anspricht, präsentiert am sinnvollsten.»

Achten Sie aber darauf, dass Sie Ihrem Medium genügend Freiraum lassen, um die von Ihnen eingeplanten Detaillücken selbst zu füllen. Sie sagen beispielsweise nur, dass es nach Blumen duftet, aber nicht, nach welchen. Die Obstwiese Ihres Gegenübers sieht ganz sicher anders aus als Ihre. Also passen Sie auf, dass Sie nichts vorgeben, was seinem Bild von der Situation widersprechen könnte. Die Macht der Bilder ist nicht zu unterschätzen. Sowohl die inneren Bilder als auch das, was wir konkret mit unseren Augen sehen, haben unglaubliche Auswirkungen darauf, wie wir denken. Das gibt Orientierung für unser Verhalten und prägt unsere Sicht auf die Dinge.

Wir machen, was wir sehen

Während meiner Vorträge und in meinen Seminaren präsentiere ich oft folgendes Experiment: Ich bitte meine Zuschauer: «Bitte heben Sie Ihre Hand über den Kopf – so wie ich», dabei hebe ich selbst meine rechte Hand über den Kopf. Nachdem die Zuschauer das ausgeführt haben, schaue ich auf meine Uhr und fahre fort: «Sobald ich sage ‹jetzt›, ge-

hen Sie mit Ihrer Hand bitte wieder nach unten. 3 – 2 – 1»,
dann gehe ich mit meiner Hand nach unten. Fast alle im Publikum folgen mir sofort und machen das jetzt auch. Nachdem fast alle Hände unten sind, sage ich laut: «Jetzt!»

Das ist die Macht der nonverbalen Kommunikation live.
Wir machen eher das, was wir sehen, als das, was wir hören.
Das bedeutet: Ein Bild sagt mehr als tausend Worte. Wenn
Sie von einem Menschen etwas wollen, dann müssen Sie es
ihm vormachen und nicht vorreden. Wollen Sie, dass Ihre
Kinder pünktlich sind? Dann sollten Sie selbst pünktlich
sein. Wenn Sie wollen, dass Ihre Mitarbeiter zuverlässig
sind, dann müssen Sie selbst zuverlässig sein. Einfach, aber
wahr.

Über Ihre nonverbalen Aussagen wie Subtext, Mimik
und Gestik können Sie Ihren Mitmenschen zeigen, wie Sie
sich fühlen, sie zwischen den Zeilen lesen lassen. Da wir
diese nonverbalen Signale fast immer unbewusst benutzen,
neigen wir oft dazu, sie nicht so wichtig zu nehmen. Das ist
ein Fehler. Wie wir schon gesehen haben und noch sehen
werden, ist das Unbewusste, das Unterbewusstsein, im
Kommunikationsprozess immer im Spiel. Missverständnisse werden nicht selten hier produziert und müssen auch
hier, auf dieser Ebene, geklärt werden.

Mit dem richtigen Verstehen von Details und dem Wissen, worauf Sie achten müssen, können Sie sehr gut erkennen, wie es in Ihrem Gegenüber wirklich aussieht. Eine Fähigkeit, die ich auf der Bühne ständig zum Erstaunen meiner
Zuschauer anwende. Sie müssen aber nicht unbedingt im
Rampenlicht stehen, um diese Methode erfolgreich zu benutzen.

Nehmen wir an, Sie brauchen einen neuen DVD-Player –

beinahe hätte ich Videorekorder geschrieben, ich werde langsam alt. Zunächst sollten Sie natürlich wissen, dass im Elektromarkt die Geräte, die am häufigsten verkauft werden sollen, im Regal immer auf Augenhöhe stehen. Schon gehört? Der Amerikaner sagt dazu: «Eye level is buy level.» Natürlich: Auf Augenhöhe wird verkauft. Auf dieser Ebene wird nach den Dingen, die als zweites von links oder als zweites von rechts in einer Reihe stehen, am häufigsten gegriffen. Falls ein Verkäufer Ihnen beim Verkaufsgespräch eine dieser Waren ein wenig zu penetrant anpreisen sollte, dann fragen Sie ihn einfach: «Würden Sie dieses Produkt kaufen?» In dem Moment schauen Sie fest in seine Augen. Werden die Pupillen größer, oder schaut er ganz kurz weg? Und sieht Sie dann wieder an? Dann haben Sie den Nerv getroffen. In diesem Fall können Sie weitersuchen und was anderes in Augenschein nehmen.

Die Architektur der Trance

Falls Sie die Hypnose selbst ausprobieren wollen, sollten Sie sich den Vorgang wie eine geführte Entspannungsanleitung vorstellen, die durch Suggestionsformeln eingeleitet wird. Einige Menschen werden sich sehr schnell und ohne Vorbehalte auf so was einlassen, andere werden sich regelrecht dagegen wehren, weil ihnen ein solches Ausruhen Angst einflößt, die Kontrolle zu verlieren! Wie sehr jemand auf Ihre Suggestionen anspricht – man sagt auch, wie «suggestibel» jemand ist –, kann von vielen Faktoren abhängen, zum Beispiel, ob er Sie als vertrauenswürdig erachtet, ob er ein starkes Vorstellungsvermögen hat oder ob er sich überhaupt gut vorbehaltlos hingeben kann. Sie sollten Ihre Hypnose in fünf einzelne Schritte aufteilen:

1. *Vorbereiten:* Erklären Sie Ihrem Medium, was Sie vorhaben, und Sie werden spüren, ob es Vertrauen zu Ihnen hat. Jetzt können Sie die erste leichte Trance – wie oben beschrieben – einleiten.
2. *Vertiefen:* Vertiefen Sie sie, indem Sie Ihren Partner bitten, zum Beispiel mit einem Fahrstuhl nach unten zu fahren und wieder zurückzukehren.
3. *Testen:* Ist Ihr Partner wirklich in dem von Ihnen gewünschten Zustand? Das können Sie überprüfen, indem Sie beobachten, ob er wirklich alles exakt so ausführt, wie Sie es ihm sagen.
4. *Führen:* Geben Sie Ihre Suggestionen in ganz ruhigem Ton und beobachten Sie Ihr Medium genau.

5. *Aufwecken:* Holen Sie Ihren Partner wieder in die Echt-
   zeit zurück.

Welche Suggestionen Sie vermitteln, hängt davon ab, wel-
ches Ziel Sie verfolgen. Ein Therapeut wird sicher ande-
re Dinge suggerieren wollen als ein Hypnotiseur in einer
Diskothek, der seine Probanden denken lässt, sie wären
Elvis Presley, und eine entsprechende Show erwartet. Bei
Hypnosen auf der Bühne sieht man immer wieder, dass der
Hypnotiseur dem Medium Befehle gibt, die erst auszufüh-
ren sind, nachdem der Proband wieder bei Bewusstsein ist.
Und das funktioniert. Aus diesem Grund ist es unerlässlich,
dass Sie am Ende jeder Sitzung sicherstellen, dass sämtliche
Suggestionen aufgehoben werden!

Vorbereiten

Sorgen Sie für Stille. Wenn Sie wollen, können Sie auch leise Musik im Hintergrund laufen lassen, das ist aber nicht
zwingend notwendig. Ich selbst kann das Panflötengedudel
in Spa-Bereichen von vielen Hotels genau so wenig ertragen
wie die Hintergrundbelästigung durch das Gedudel in unserem Chinarestaurant. Kaum auszuhalten, fast so schlimm
wie manche Radiosender mit mehr Werbeeinblendungen
als sonst was.

Stellen Sie in jedem Fall sicher, dass Sie ungestört sind.
Und machen Sie sich bewusst, dass Sie keinen Zustand her-
beiführen, den Ihr Gegenüber nicht schon kennen würde,
Sie geben nur vor, das zu tun. Sie arbeiten ausschließlich
mit den Erwartungen Ihres Partners, und das heißt auch,
dass der niemals etwas tun würde, was er nicht auch im

wachen Zustand täte. Wenn Sie allerdings unsicher wirken, dann stehen die Chancen schlecht, dass Ihr Gegenüber auf Ihre Suggestionen anspricht. Sie müssen selbstsicher und überzeugend auftreten und selbst beim ersten Versuch den Eindruck machen, das Ganze schon sehr oft gemacht zu haben.

Sobald Ihr Partner ruhig und entspannt auf dem Stuhl sitzt, könnten Sie ihn beispielsweise erst einmal alle Muskeln im Körper gleichzeitig anspannen lassen. Die Atmung fließt dabei ruhig weiter, aber alle Muskeln – angefangen bei den Füßen über die Beine, den Bauch, die Brust, die Schultern und die Arme bis zu den Fingerspitzen – sollen gleichzeitig kontrahiert werden. Nach einigen Augenblicken soll die Anspannung wieder gelöst werden.

Jetzt können Sie pacen und leaden, denn Sie wissen, dass sich der Körper nach diesem Durchgang schwerer anfühlen wird. Sie sprechen folgende Formel: «Während dein Körper immer schwerer wird, wird deine Atmung immer gleichmäßiger und ruhiger. Du atmest ruhig, bist entspannt und hörst meine Stimme. Du sinkst immer tiefer in deinen Stuhl ein und lässt dich einfach von meinen Worten davontragen.»

Vertiefen

In Wirklichkeit gibt es keine echte Trance, die Sie noch vertiefen könnten. Allerdings ist das Bild, tiefer in einen Entspannungszustand zu gleiten, sehr stark und somit für Ihren Partner sehr leicht zu visualisieren. Sobald Sie also bemerken, dass er etwas zusammensackt und seine Muskeln sich lockern, können Sie diesen Zustand weiter voranbringen. Ich mache das ganz gern, indem ich mein Medium einen Fahrstuhl visualisieren lasse, der langsam, Stockwerk für Stockwerk, nach unten gleitet. Betonen Sie, dass jedes Erreichen des nächsten Stockwerks ihn immer tiefer entspannen wird.

An dieser Stelle sollte ich einige Missverständnisse in Bezug auf die Hypnose klären. Möglicherweise hat auch Ihr Gegenüber höhere Erwartungen und meint, dass es auf der Stelle einschlafe oder etwas erlebe, was es zuvor noch nie erfahren habe. Dann kann es sein, dass die Enttäuschung groß ist. Ihr Gegenüber könnte bei diesen falschen Erwartungen den Eindruck haben, dass das, was Sie da gerade machen, nicht funktionieren würde. Sie sind allerdings darauf angewiesen, mit den Erwartungen und Annahmen Ihres Gegenübers zu arbeiten. Das Medium muss einerseits davon überzeugt sein, dass es in eine Trance gleiten wird, und andererseits glauben, alles verlaufe ganz genau wie geplant. Um das sicherstellen zu können, erklären Sie an dieser Stelle, dass Ihr Gegenüber, während es sich tiefer und tiefer entspannt, immer noch alles verstehen und hören kann, was Sie von sich geben. Es wird sich auch stets vollkommen bewusst bleiben, dass es sich gerade in einem Zustand der Trance befindet. Mit diesem Satz nehmen Sie falsche Erwartungen heraus und lenken die Aufmerksamkeit dahin, wohin Sie sie haben wollen.

Kündigen Sie nun an, dass Sie jetzt gleich von zehn bis null rückwärts zählen werden und dass Ihr Medium bei jeder neuen Zahl in der Anzeige sehen und auch fühlen wird, wie der Fahrstuhl absinkt. Sobald Sie im Keller angekommen sind, ist der Fahrstuhl auch ganz unten in den Tiefen des Bewusstseins angekommen. Erwähnen Sie, dass Ihr Gegenüber sich dann in einem Zustand angenehmer und tiefer Entspannung befinden werde.

Lassen Sie Ihren Partner nun im Fahrstuhl nach unten fahren und pacen Sie alles, was Sie beobachten – «Während du nach unten gleitest, während du meine Stimme hörst, während du ein Stockwerk tiefer fährst, entspannst du tiefer und tiefer.»

Testen

Sollten Sie den Eindruck haben, dass Ihr Partner sich jetzt in dem von Ihnen gewünschten Zustand befindet, können Sie testen, ob er tatsächlich Ihren Anweisungen folgt. Sie können ihm zum Beispiel suggerieren, dass sich im untersten Stockwerk die Tür öffnet und dass ihr Proband nun in einen wunderschönen Garten gelangt. Denken Sie daran, wieder alle Sinne anzusprechen. Werden Sie dabei nicht zu spezifisch. Sagen Sie nicht, dass sich im Garten Wege oder spezielle Töpfe mit arabischen Mustern befinden. Falls Ihnen das wichtig sein sollte, lassen Sie Ihr Gegenüber wenigstens entscheiden, wo sich diese Dinge befinden. Betonen Sie, dass der Garten wunderschön sei und dass Ihr Gegenüber, wann immer es wolle, in diesen zurückkehren könne. Sie könnten ihn zum Beispiel auffordern, sich einen Apfelbaum zu suchen und darunter Platz zu nehmen. Ein Apfel sei zum Greifen nah. Er solle diesen Apfel bitte mit der rechten Hand pflücken. So lautet der Befehl. Wenn jetzt der rechte Arm nach oben geht, ist alles okay. Falls nicht, dann müssen Sie weiter vertiefen.

Suggestionen geben

Der eben beschriebene Test hilft Ihnen im besten Fall nicht nur zu prüfen, ob Ihr Gegenüber auf Ihre Suggestionen anspricht. Er hilft Ihnen ebenfalls dabei, die Trance noch weiter zu vertiefen. Angenommen, der Arm ging nach oben, dann soll Ihr Partner nun die Hand mit dem Apfel darin langsam nach unten sinken lassen. Jetzt kommt die Vertiefung: Sie sagen nämlich, dass mit jedem Stückchen, mit dem der Arm sich nach unten bewegt, sich Ihr Gegenüber tiefer und tiefer entspannt. Sie können an dieser Stelle auch eine sehr wirksame Schleife einbauen, indem Sie fordern: «Je mehr sich der Arm nach unten bewegt, desto tiefer entspannst du dich, und je tiefer du dich entspannst, desto mehr bewegt sich der Arm nach unten.»

Ihr Gegenüber folgt Ihnen komplett. Benutzen Sie nun weiterhin das Bild vom Garten und vom Apfelbaum. Ihr Gegenüber befindet sich ja in der Vorstellung bereits auf dem Stuhl. Den gepflückten Apfel in der rechten Hand soll er im Geiste fallen lassen, sobald der Arm sich wieder auf der Stuhllehne befindet. Jetzt können Sie suggerieren, dass der rechte Arm immer schwerer wird. So schwer, dass er fest an der Stuhllehne haftet. Er soll sich vorstellen, dass eine unsichtbare Kraft den Arm fest an den Stuhl bände. Jetzt möge er versuchen, den Arm von dieser Kraft zu befreien und etwas zu heben. Ein Schlüsselbegriff dieser Formel ist das Wort «versuchen» – das impliziert nämlich bereits, dass es nicht möglich sein wird, den Arm anzuheben. Jetzt gibt es drei Möglichkeiten. Erstens: Der Arm geht in die Höhe. Zweitens: Ihr Partner probiert, den Arm zu heben, aber es funktioniert nicht. Drittens: Ihr Gegenüber macht gar nichts und sitzt regungslos auf dem Stuhl.

Für unsere Zwecke ist die zweite Option natürlich die beste. Falls Ihr Gegenüber sich überhaupt nicht bewegt, kann es natürlich sein, dass es extrem entspannt ist und dadurch noch nicht einmal die Kraft aufbringt, es zu versuchen, der Aufforderung nachzukommen. Angenommen, der Arm geht trotz der Suggestionen nach oben, dann wird er sich hoffentlich zumindest schwer anfühlen. In diesem Fall arbeiten Sie eben damit und sagen: «Sehr gut – und während du spürst, dass dein Arm irgendwie schwerer geworden ist, bewegst du ihn wieder nach unten, und mit jedem Stückchen, dass der Arm nach unten schafft, entspannst du dich tiefer, und mit jedem Stückchen lässt du mehr und mehr los.» Sie nehmen einfach jede Rückmeldung Ihres Gegenübers auf und verknüpfen sie mit einer Suggestion.

Angenommen, die Suggestion hat funktioniert, dann können Sie jetzt einen Schritt weitergehen und den Arm leichter werden lassen: «An deinem rechten Arm hängt jetzt ein Heliumballon, der ihn nach oben zieht. Dein Arm wird immer leichter und leichter. Der Ballon zieht ihn nach oben, immer weiter und weiter.» Achten Sie auf den rechten Arm Ihres Partners, sobald die Hand zuckt oder sich leicht nach oben bewegt, nehmen Sie dieses Signal auf und sagen sofort: «Sehr gut, dein Arm bewegt sich nach oben, immer weiter und weiter.» Irgendwann wird der Arm langsam nach oben wandern.

Es kann sein, dass es etwas dauert, bis diese Bewegung kommt. Bitte beachten Sie: Bei dieser Suggestion ist es sehr wichtig, dass Sie konstant jede Rückmeldung aufnehmen und extrem pacen. Sobald die Hand ganz oben ist, können Sie Ihrem Partner suggerieren, dass er sie wieder sanft nach unten sinken lassen soll. Hier sollten Sie die Abwärtsbewegung des Arms wieder dazu nutzen, die Trance zu vertiefen: «Je tiefer der Arm sinkt, desto tiefer gelangst du in den Zustand absoluter Entspannung, und je tiefer du entspannst, desto tiefer sinkt dein Arm nach unten.»

Der imaginäre Garten ist eine schöne Vorstellung. Es ist ein schöner Ort, an den sich Ihr Partner jederzeit zurückziehen kann, sobald er ihn einmal erfunden hat. Ein solcher mentaler Rückzugsort kann sehr wertvoll sein. Es ist ein ganz persönlicher Raum, an den man sich jederzeit träumen kann, wenn man Stress verspürt, Angst hat oder einfach nur mal seine Ruhe haben will, um dem Alltag zu entfliehen. In den seltenen Fällen, in denen ich nachts nicht sofort einschlafe, spiele ich entweder im Geist Gitarre und übe Skalen, die noch nicht hundertprozentig sitzen, oder ziehe mich in meine ganz persönliche Traumoase zurück. Dort kann ich alles nach meinen Wünschen gestalten und machen, was ich will. Dabei entspanne ich zwangsläufig so tief, dass ich in kürzester Zeit einschlafen kann, wenn ich das beabsichtige. Sie können Ihrem Übungspartner also einen großen Gefallen tun, indem Sie ihm eröffnen, dass er je nach Belieben jederzeit an diesen Traumort zurückkehren könne, falls er das Bedürfnis dazu verspüre. Das kann vor einer wichtigen Prüfung aufkommen oder vor einem Moment, in dem er seine volle Aufmerksamkeit braucht. Er soll sich dann immer einfach den anfangs erwähnten Aufzug vorstellen. Mit dem Aufzug nach unten fahren und unvermittelt seinen Traumgarten betreten. Erklären Sie ihm auf jeden Fall, dass er – falls er seine Traumreise allein antritt – jederzeit seine Augen öffnen und aus seiner Trance zurückkehren könne. Wann immer er das wolle.

Aufwecken

Zum Ende der Sitzung ist es sehr wichtig, den Partner wieder sanft ins Hier und Jetzt zurückzuführen, ihn wieder richtig aufzuwecken. Lassen Sie ihn hierzu erneut in den Aufzug steigen, der jetzt jedoch gerade nach oben fährt. Ich selbst zähle während der Fahrt laut von null bis zehn. Sagen Sie ihm, dass mit jedem Stockwerk die Schwere aus seinem Körper verschwinde und dass somit mehr und mehr Energie in seinen Körper zurückkehren wird. Sobald Sie bei der Zehn angekommen sind, soll Ihr Partner seine Augen wieder öffnen und tief ein- und wieder ausatmen. Mit jeder Zahl wird Ihre Stimme jetzt wieder fester, sie wird immer mehr so, wie Sie sie normalerweise im Gespräch einsetzen. Gut, es kommt natürlich darauf an, wie Sie normalerweise mit Ihren Mitmenschen reden – aber ich glaube, Sie haben verstanden, was ich meine.

Nachdem Ihr Partner wieder voll im Hier und Jetzt ist, können Sie Fragen stellen, um ihre Wirkung auszutesten. Wenn Sie wollen, könnten Sie fragen, wie echt sich der Garten angefühlt, angehört und wie real er ausgesehen habe. Erstaunlich sind immer wieder die Fragen nach der Dauer der Übungen. Gute Probanden meinen oft, dass die Sitzung sehr viel kürzer gewesen sei, als sie in Wirklichkeit gewesen ist. Oft wird eine halbe Stunde wie eine Minute gefühlt. Eröffnen Sie Ihrem Partner, dass er sich mit genau dieser Methode von nun an jederzeit selbst in Trance versetzen kann, wenn er es nur richtig übt.

Sobald Sie die oben beschriebene Technik beherrschen, könnten Sie einen Schritt weitergehen und einen posthypnotischen Befehl ausprobieren. Hierzu brauchen Sie natürlich einen Partner, der auf Ihre Suggestionen gut anspricht.

Nicht jeder, bei dem Festkleben und Heben des Arms funktioniert hat, wird auch auf einen posthypnotischen Befehl ansprechen. Dennoch stehen die Chancen dafür ganz gut, dass es klappt, wenn bisher alles andere reibungslos funktionierte. Nachdem Sie Ihr Gegenüber also in den Traumgarten geschickt haben und die Armtests alle funktionieren, können Sie den ersten posthypnotischen Befehl geben: «Jedes Mal, wenn ich dich an deiner Stirn berühre und das Wort ‹Schlaf› sage, bist du sofort wieder in diesem Zustand angenehmer Entspannung, und zwar jedes Mal tiefer als davor. Jedes Mal, wenn ich meine Finger neben deinem Ohr schnippe, bist du hellwach und fühlst dich frisch.» Jetzt ganz wichtig: «Wenn du alles verstanden hast, was ich gesagt habe, dann nick bitte mit dem Kopf.» Diese Rückmeldung zeigt Ihnen, dass Ihr Gegenüber wirklich klar und deutlich wahrgenommen hat, was zu tun ist. Schnippen Sie jetzt mit den Fingern. Ihr Gegenüber soll «aufwachen». Warten Sie einen kurzen Augenblick und stellen Sie sicher, dass es wirklich wach ist. Dann schauen Sie ihm gezielt in die Augen, berühren es an der Stirn, und dann sagen Sie erneut: «Schlaf.» Wenn es jetzt wegdriftet, haben Sie volle Kontrolle – und damit auch eine riesige Verantwortung!

Sollten Sie so weit gekommen sein, dann könnten Sie als weiteren Schritt versuchen, Ihren Partner dazu zu bringen, seinen Namen zu vergessen. Dazu sagen Sie am besten Folgendes: «Wenn du gleich aufwachst, kannst du dich an deinen Namen nicht mehr erinnern. Je mehr du es versuchst, desto mehr wirst du ihn vergessen. Er liegt dir auf der Zunge, fällt dir aber einfach nicht mehr ein, und je mehr du dich anstrengst, um ihn zu finden, desto weniger wird er dir einfallen. Genauso wie man sich manchmal nicht mehr an den

Namen eines Bekannten erinnern kann, genauso kannst du dich jetzt an deinen Namen nicht mehr erinnern. Wenn ich dich nach deinem Namen frage, kannst du dich nicht an ihn erinnern. Je mehr du es versuchst, desto mehr gerät er in Vergessenheit. Wenn du gleich deine Augen öffnest, wirst du ihn vergessen haben.»

Jetzt schnippen Sie mit den Fingern. Schauen Sie Ihrem Gegenüber in die Augen und fragen erneut nach seinem Namen. Setzen Sie dabei den Unterton bereits so, als würden Sie nicht damit rechnen, dass es Ihnen die richtige Antwort geben könnte. Schütteln Sie bei der Frage leicht den Kopf, um so zu signalisieren, dass es wahrscheinlich nicht klappen wird. Falls es Ihnen jetzt trotzdem seinen Namen nennen kann, machen Sie sich nichts draus. Versuchen Sie es einfach später – auch mit den unterschiedlichsten Personen. Es ist noch kein Meister vom Himmel gefallen.

Genauso wie Sie vorher posthypnotische Befehle ausgesprochen haben, könnten Sie sie auch wieder löschen. Sie müssen Ihrem Partner nur sagen, dass alle Suggestionen, die Sie ihm gegeben haben, nun vollständig gelöscht sind. Sie existieren ja nur im Bewusstsein Ihres Gegenübers. Am besten funktioniert es, wenn Sie ihn mit dem Wort «Schlaf» und der Berührung an der Stirn wieder in seine Trance führen und ihm dann sagen, dass alle Suggestionen wieder aufgehoben seien. Erklären Sie Ihrem Gegenüber, dass es gleich hellwach und bestens erholt sein werde und dass es sich, sobald es seine Augen geöffnet habe, nicht mehr in Hypnose befinde. Alle Suggestionen sind ab dann aufgehoben, und es wird sich sofort auch wieder an seinen Namen erinnern können.

Das war sie, die kleine, knappe Einführung in die große

Welt der Hypnose. Bitte beachten Sie, dass Sie sämtliche Versuche auf eigene Gefahr durchführen. An sich habe ich diese Methoden auch nur so genau beschrieben, um Ihnen zu zeigen, wie eine Trance grundsätzlich aufgebaut ist und wie sie beim Medium herbeigeführt werden kann. Ich habe diese Zeilen nicht verfasst, um übermütigen Halbstarken eine Anleitung dafür zu geben, wie sie auf Partys oder auf dem Schulhof andere in Trance versetzen können. Denn damit ist nicht zu spaßen. Gerade was die Suggestionen betrifft, sollte man allergrößte Vorsicht walten lassen und vor allem seinen Verstand einschalten, bevor man in den eines anderen vordringen will.

Verantwortung ist der Begriff, der an dieser Stelle exakt passt. Wenn man selbst nicht Herr seiner Sinne ist, sollte man schleunigst die Finger von der Psyche anderer lassen. Das verdeutlicht am besten folgende Geschichte: Ein (sehr dummer!) Hypnotiseur hat auf der Bühne einen sehr suggestiblen Zuschauer. Er gibt diesem zahlreiche posthypnotische Befehle. Unter anderem suggeriert er ihm, dass er – der Hypnotiseur – von nun an für den Zuschauer unsichtbar sei. Es funktioniert. Der Hypnotiseur bewegt einige Gegenstände auf der Bühne hin und her, und der Zuschauer glaubt, diese würden fliegen. Danach versetzt er den Zuschauer wieder in Trance und sagt: «Jetzt kannst du mich nicht mehr sehen und auch nicht mehr hören.» Die Dummheit mancher Menschen kennt wirklich keine Grenzen. Wie soll er seinen Zuschauer denn aus der Trance zurückholen, wenn der ihn nicht mehr hören kann? Wie die Geschichte letztlich ausgegangen ist, wissen wir nicht.

Merkzettel für angehende Hypnotiseure

Sollten Sie wirklich jemanden hypnotisieren wollen – und sich darüber klargeworden sein, dass Sie verantwortungsvoll damit umgehen können –, dann sollten Sie einige Punkte unbedingt beachten:

- Versetzen Sie niemals eine Person mit psychischen Schwierigkeiten oder sogar schweren Leiden – wie etwa das der Epilepsie – in Hypnose. Falls Sie auch nur einen kleinen Zweifel an der psychischen Gesundheit einer Person haben, lassen Sie die Finger von Ihrem Vorhaben.
- Spielen Sie nicht den Hobbytherapeuten. Alle medizinischen und therapeutischen Maßnahmen müssen Sie dem Fachmann überlassen. Auf keinen Fall sollten Sie hier herumexperimentieren.
- Hypnose ist eine sanfte Methode. Verzichten Sie auf Showeffekte und sorgen Sie dafür, dass die Versuchspersonen sich bei Ihnen wohl fühlen. Dann haben Sie am ehesten die Chance zu erkennen, was für ein tolles Instrument Sie beherrschen. Ein Hilfsmittel, mit dem Sie sich und andere beruhigen können. Ein Hilfsmittel, das dafür sorgen kann, dass es anderen gutgeht.
- Ist die Trance erst einmal erreicht, trägt alles zur Hypnose bei. Das bedeutet, dass Sie stets vorher dafür sorgen müssen, dass alles wie geplant ablaufen kann. Klären Sie alle Eventualitäten. Fragen Sie Ihr Medium, ob es Allergien habe. Denn auch ein imaginärer Biss in einen Apfel oder eine Zitrone kann weitreichende Folgen haben. Jedes Ihrer Worte sollte mit großem Bedacht gewählt werden. Ein

Hypnotiseur sagte einmal zu seinem Zuschauer: «Du sitzt jetzt auf einem tollen Motorrad, einem richtig heißen Ofen.» Woraufhin der Zuschauer schreiend aufsprang und Blasen an den Beinen bekam – wie bei einer echten Verbrennung.

- Stellen Sie am Ende sicher, dass Ihre Versuchsperson frei von allen Suggestionen ist, die Sie ihr gegeben haben, und dass sie auch weiß, dass sie nicht mehr hypnotisiert ist. Denken Sie an den Hypnotiseur im Freizeitpark, zum Glück war er noch erreichbar.

- Betrachten Sie Hypnose am besten als ein Instrument, um Ihren Mitmenschen zur Beruhigung und Entspannung zu verhelfen, als eine Art der mentalen Oase. Den Rest überlassen Sie – wie gesagt – besser den Profis.

Gefahren der Hypnose

Eine weitverbreitete Mär besagt, dass einer hypnotisierten Person keine Verbrechen befohlen werden können. Jeder Befehl, der den Wertvorstellungen und den ethischen Maßstäben der hypnotisierten Person widerspricht, würde dafür sorgen, dass die Betreffende sofort aus der Trance erwacht. Meines Erachtens ist das völliger Blödsinn. Ein erfahrener Hypnotiseur kann innere Blockaden und Abwehr beim Medium locker umgehen und aushebeln.

Ich selbst war Zeuge, als ein sehr kompetenter Hypnotiseur einem Probanden eine Pistole in die Hand drückte und ihm dann erklärte, er befinde sich auf einer Safari. Vor ihm stehe ein echter Löwe und er – der Hypnotisierte – könne nur überleben und den Angriff des Löwen abwehren, wenn er auf ihn schieße. Falls er das nicht tue, würde der Löwe ihn anfallen und mit Haut und Haaren fressen. In Wirklichkeit stand vor der hypnotisierten Person ein Mann und kein Löwe. Auf das Kommando des Hypnotiseurs hin feuerte das Medium aus der Schreckschusspistole so lange auf ihn, bis es wieder aus der Trance geholt wurde: Es ist also sehr wohl möglich, hypnotisierte Menschen dazu zu bringen, Verbrechen zu begehen. Wenn man – wie oben beschrieben – Umwege wählt und einen geschickten Trick anwendet. Auf das Kommando «Schieß auf den Menschen vor dir» hätte der Zuschauer hoffentlich nicht gehört. Aber selbst das ist nicht hundertprozentig sicher auszuschließen. Nachdem der Zuschauer aus der Trance erwacht war, hatte man ihm erzählt, was gerade passiert war. Er war geschockt.

Die Frage, ob Verbrechen unter Hypnose verübt werden können oder nicht, beschäftigt einige Forscher schon lange. Um der Sache auf die Spur zu kommen, riskierten einige hierfür nicht nur ihre Karriere, sondern setzen auch ihre Gesundheit aufs Spiel. Einen sehr interessanten Artikel zu diesem Thema fand ich 2009 in der *Neuen Zürcher Zeitung*. Hier wurden zahlreiche erstaunliche Versuche auf diesem Gebiet beschrieben.

Einer der bekanntesten Hypnoseforscher ist Harcourt Stebbins. Er wollte beispielsweise wissen, ob ein Student ihm unter Hypnose ein Glas Salpetersäure ins Gesicht schütten würde. Die Versuchsanordnung war eigentlich einfach, und natürlich würde das Glas Säure im richtigen Moment unbemerkt gegen ein anderes Glas mit Wasser ausgetauscht werden. Aber Menschen machen Fehler – und bei diesem Experiment hatte der Verantwortliche einfach einmal nach mehreren Versuchen vergessen, das Glas auszuwechseln. Der Student schüttete seinem Professor also Säure ins Gesicht. Dank der schnellen Hilfe durch Ärzte aus dem Haus blieb ihm nur eine kleine Narbe auf seiner Kopfhaut zurück. Glück im Unglück! Das passierte im Jahr 1942 an der Louisiana State University in Baton Rouge.

Der bereits erwähnte Arzt Ambroise-Auguste Liébault schrieb über die Hypnose: «Der Schlafende wird in einen Automaten verwandelt, den man nach Lust und Laune formen und manipulieren kann.» Genau das fasziniert die Menschen ja auch noch heute an diesem Phänomen. Man kann jemandem etwas befehlen, er führt es aus, und er kann sich später nicht mehr daran erinnern, was er getan hat.

Noch heute wird darüber gestritten, ob das für alle Arten von Befehlen stimmt oder nicht. Meiner ganz persönlichen

Meinung nach ist dieser Streit müßig. Wie immer gibt es kein klares Ja oder Nein als Antwort auf die Frage. Schon die beiden oben angeführten Beispiele zeigen, dass es in vielen Fällen mit dem blinden Gehorsam klappt. Und sicher gibt es auch Fälle, in denen es nicht funktioniert hat. Genau hier ist meiner Meinung nach die Antwort zu finden: Bei einigen klappt's und bei anderen nicht. Und das reicht schon, um große Vorsicht walten zu lassen. Denn trotzdem ist die Gefahr da, dass etwas passieren kann. Und da kann man nichts dran schönreden.

Bereits 1884 wurden Experimente gemacht, die zeigen sollten, ob eine Versuchsperson eine ihr nahestehende Person mit Arsen vergiften würde oder nicht und eine andere jemanden auf Befehl erschießen würde. Beide zögerten tatsächlich nicht und führten die Tat aus, wobei jedoch nichts geschah. Natürlich war die Pistole nicht geladen und das Arsen auch kein Arsen, sondern Puderzucker. Der Versuch wurde von Jules Liégeois durchgeführt und bekanntgemacht. Übrigens: Nicht nur gemordet wurde unter Hypnose, es wurden auch bereits Schuldscheine gefälscht!

Trotz der klaren Ergebnisse der Experimente von Liégeois traten immer mehr Kritiker auf den Plan: Die Versuche seien reine Laborversuche und die Probanden wüssten, dass es sich in Wirklichkeit nicht um geladene Waffen oder echtes Gift handele. Also führte Liégeois sein Experiment öffentlich vor Professoren und Politikern mit einer Frau vor, die auf Kommando wie wild mit einem Messer um sich stach und mit einer Pistole schoss. Geschockt verließ das geladene Gremium von Kritikern den Saal. Schönes Detail: Es blieben zahlreiche Studenten im Raum zurück. Sie befahlen der hypnotisierten jungen Dame, sich sofort auszuziehen. Diesem Befehl verweigerte sie sich allerdings.

Dasselbe Experiment wurde fünfzig Jahre später übrigens an der University of California noch einmal nachgestellt. Hier begann sich die Probandin so schnell auszuziehen, dass der Professor sie gerade noch stoppen konnte, bevor es richtig peinlich wurde. Kein Wunder! Später fand man heraus, dass sie nebenberuflich als Stripperin arbeitete.

Auch Lloyd W. Rowland von der University of Tulsa in Oklahoma forschte auf dem Gebiet der Hypnose. Auch seine Versuchspersonen schütteten in Trance Säure über den Versuchsleiter. Dieses Mal aber gegen eine für sie nicht sichtbare Glasscheibe, hinter der sich der Hypnotiseur befand. Danach wollte Rowland wissen, ob die Hypnotisierten nicht nur anderen, sondern auch sich selbst etwas antun würden. Dafür piesackte er eine Klapperschlange so lange, bis sie höllisch aggressiv wurde, und legte sie dann in eine nach vorne offene Kiste. Den hypnotisierten Versuchsteilnehmern teilte er mit, dass in der Kiste ein Gummiseil liege, und bat sie, den Inhalt auf sein Kommando hin herauszuholen. Laut Rowland hatte die Schlange in der Kiste bereits den Kopf gehoben und derart laut geklappert, dass es noch in dreißig Meter Entfernung zu hören gewesen sei.

Von vier Teilnehmern fassten drei in die Kiste. Glücklicherweise befand sich auch hier eine Glasscheibe, und es passierte niemandem etwas. Neben den hypnotisierten Versuchspersonen gab es auch noch zweiundvierzig nicht hypnotisierte einer Kontrollgruppe. Von ihnen befolgte keine einzige den Befehl. Die meisten näherten sich noch nicht mal der Kiste.

Anhand dieser Studie konnte gezeigt werden, dass die

weitverbreitete Meinung, dass eine hypnotisierte Person nichts tut, was ihre moralischen Grundsätze verletzt, nicht aufrechtzuerhalten ist. Die ursprüngliche Studie wurde bereits in den dreißiger Jahren durchgeführt, trotzdem hält sich der Irrglaube hartnäckig. In den vierziger Jahren wurde in Louisiana dann das oben beschriebene Experiment mit der Säure durchgeführt. Ohne Sicherheitsglas dumm gelaufen für Harcourt Stebbins. Aber auch danach schien es noch nicht Beweis genug zu sein, um die Menschen vom Gegenteil zu überzeugen.

Im Zuge dieser Studien wurde weiter mit Schlangen experimentiert. Ein Medium fiel sofort in Ohnmacht, nachdem es gebissen worden war. Dabei handelte es sich bei den Tieren um nicht giftige Diamant-Wassernattern. Bei diesem Versuch hatten sieben von acht Personen unter Hypnose die Befehle ausgeführt. Das heißt zum Mitschreiben: In «unmoralischen» Händen kann Hypnose also sehr wohl ein sehr gefährliches Instrument zur Aufhebung des freien Willens werden.

Die vier Realitäten

Die wahre Entdeckungsreise bestehe nicht darin, neue Landschaften zu erforschen, sondern sie mit neuen Augen zu sehen, das erkennt Marcel Proust sehr richtig. Und so macht der Psychologe Serge King in einem seiner Seminare den Vorschlag, einfach anzunehmen, es gebe nicht nur eine Realität, sondern gleich vier davon. In Wirklichkeit existieren natürlich so zahlreiche Auffassungen von Realität, wie es Menschen gibt. Mir geht es hier aber nur darum zu zeigen, dass man mehrere Blickwinkel einnehmen kann. Schon die Einteilung in vier Arten, die Welt zu betrachten, hat den großen Vorteil, dass man stets die Möglichkeit, die Perspektive zu wechseln, vor Augen hat, falls man auf seiner Ebene gerade nicht weiterkommt. Es geht mir allerdings nicht darum, die jeweiligen Blickwinkel zu bewerten, sie sind alle gleich gut respektive schlecht. Die vier Realitäten sind:

1. objektive Realität,
2. subjektive Realität,
3. symbolische Realität,
4. holistische Realität.

Objektiv und wirklich

Diese Sichtweise ist unserem westlichen Denken am nächsten. Das Charakteristische: Man betrachtet die Dinge getrennt voneinander. Sprich: Ich bin ich, und du bist du.

Meins ist meins, und deins ist deins. Sie ist in sehr vielen Lebensbereichen auch überaus sinnvoll und angebracht. Auf diese Weise können die Dinge nämlich in Gruppen unterteilt werden. Ich denke, der Großteil der Wissenschaftler betrachtet genau aus diesem Grund die Welt aus dieser Sicht. Hat man die wissenschaftlichen Denkprinzipen im Auge, führt die objektivierte Weltsicht sicherlich auch zum «richtigen» Erkenntnisweg. Zwischen verschiedenen Aspekten zu unterscheiden und die Aufmerksamkeit auf die Unterschiede zu lenken, das kann in vielen Fällen dem Wissen dienlich sein.

Ein Beispiel: Wenn Ihre Mannschaft bei einem Wettbewerb gewonnen hat, ist es für Sie schön, irgendwie zur Gruppe der Sieger zu gehören und gemeinsam mit den Champions zu feiern. Oder: Ich bin sehr dankbar, wenn mein Apotheker mir genau die Medizin gibt, die für mich in dem Moment die richtige ist, also wenn er unterscheidet zwischen dieser einen und all den anderen, die er noch so im Laden hat. Zu viel auf Differenzen zu achten kann aber auch destruktiv sein. Wer beispielsweise zu sehr die Unterschiede zwischen Menschen im Fokus hat, wird bald verstärkt eine Tendenz zu Angst oder Fremdenfeindlichkeit aufweisen. Es kommt – wie immer – auf den richtigen Moment und die optimale Dosis an.

Die subjektive Wirklichkeit

Mit der sieht die Welt schon ein wenig anders aus. Es kann sein, dass Sie einen Menschen sehr mögen, den einige Ihrer Bekannten allerdings nicht leiden können. Auf der Ebene der subjektiven Realität haben Sie ihn einfach gern. Ich hoffe somit, es bleibt mir erspart, dass meine Tochter mit der Wahl ihres ersten Freunds eine andere subjektive Realität hat als meine Frau und ich! Das heißt: Alles, was Sie subjektiv empfinden, gehört in diesen Bereich. Millionen Menschen sehen sich mit Vergnügen «Musikantenstadl» an und hören Schlagermusik. Nach der subjektiven Realität dieser Gruppe ist diese Art der Unterhaltung für sie angenehm. Ich – in meiner subjektiven Realität – kann diese Auffassung nicht teilen und stehe auf Stevie Ray Vaughan. Vielen anderen Menschen geht es da sicherlich in geschmacklichen Dingen ähnlich. Wer hat aber jetzt recht? Keiner und jeder. Ob ich recht habe oder nicht, kommt darauf an, durch welche Gruppe ich mich unterhalten fühle, durch die Gitarrenfreaks oder die Musikantenstadler. Das einzige Kriterium, nach dem wir die Echtheit von etwas beurteilen, ist über die Frage, ob ein anderer Mensch etwas auch erlebt hat oder nicht. Sogar das reicht manchmal nicht aus – wenn uns (auch als Gruppe) etwas nicht passt, dann können wir die anderen immer noch als Spinner oder Träumer abqualifizieren und so unsere subjektive Sicht beibehalten.

Auf der Ebene der subjektiven Realität geht es immer um unsere Beziehung zur Welt. Unser Erleben wird von unserem Glauben bestimmt, davon gehen wir aus. Denn die Welt ist das, wofür wir sie halten. Unser Denken beeinflusst unsere Wahrnehmung entscheidend. Zum Beispiel: Eine Entscheidung ändert die Geschehnisse in der Zukunft nicht direkt. Vielmehr beeinflusst Ihr Denken, nachdem Sie die Entscheidung gefällt haben, was geschieht – ganz subjektiv.

Die symbolische Wirklichkeit

Das ist die Realität, die wir wahrnehmen, wenn wir träumen. Damit sind nicht nur die Träume in der Nacht gemeint, sondern auch unsere Tagträume, ebenso die Ziele, die wir uns setzen. Auf der Ebene der Sprache fallen Metaphern in diese Kategorie. Falls irgendetwas für Sie nicht so läuft, wie Sie sich das vorstellen, dann kann es sehr sinnvoll sein, vom subjektiven oder objektiven Blickwinkel zum symbolischen zu wechseln. Einige Wissenschaftler bedienten sich erfolgreich dieser Technik. Sir Isaac Newton fiel angeblich eines Tages ein Apfel auf den Kopf und – heureka – er stellte daraufhin das Gravitationsgesetz auf. Der Chemiker Friedrich August Kekulé von Stradonitz entschlüsselte in einem Traum die Struktur von Benzol. Er berichtete, er habe geträumt, wie Kohlenstoff- und Wasserstoffatome tanzten. Des Weiteren habe er von einer Schlange geträumt, die sich in ihren Schwanz biss. Nur durch diesen Traum fand er die Lösung für sein Problem. Und das alles bewegte sich auf der symbolischen Ebene.

Während meiner Schulzeit spielten wir öfter ein Spiel, in dem es darum ging zu erraten, an welchen Mitschüler jemand gerade denkt. Wir stellten dann Fragen wie: «Wenn die Person, an die du denkst, ein Auto wäre, was für ein Auto wäre sie?» Oder: «Welches Getränk wäre deine Person?» Nach einigen Fragen fand immer jemand heraus, welcher Mitschüler wohl gemeint war. Mir tut übrigens heute noch der Traktor-Kamillentee-und-Linseneintopf-Mitschüler leid. Aber was soll's, heute ist er Zahnarzt...

Solche Spiele können großen Spaß machen, und man kann dabei über Symbole jede Menge lernen. Es ist interessant zu erfahren, wie andere über einen denken, und auch zu prüfen, wie ich über andere denke. Ich kenne ein schönes Gedankenspiel, das auf der symbolischen Ebene abläuft.

Symbolspiel

- Lassen Sie bei einem schönen Abendessen Ihre Gäste irgendeinen Gegenstand aus dem Raum in die Hand nehmen.

- Jetzt sollen sie anhand dieser Sache sich selbst beschreiben. Ich mache Ihnen das mit dem Buch vor, das Sie gerade in der Hand halten, und beschreibe mich selbst über dieses Werk.

- «Das Buch ist schmal, so wie ich auch. Es hat viele Seiten und bringt Sie an einigen Stellen zum Lachen, an anderen zum Nachdenken.
  In diesem Buch stecken viele verrückte Gedanken und Ideen. Das Buch hat einige Geheimnisse – ein paar verrät es, ein paar behält es für sich ...»

Ich könnte noch sehr lange so weitermachen, um anhand dieses Buchs, also über ein Symbol, mich selbst zu erklären. Erinnern Sie sich: An anderer Stelle ist schon öfter der Begriff «Mentaltraining» aufgetaucht. Hierbei geht es unter anderem darum, sich in einen angenehmen Seinszustand zu versetzen und gezielt zu träumen. Je nach Bedürfnis werden diese Träume so gestaltet, wie es für unser Denken sinnvoll ist. Auch dabei handelt es sich um nichts anderes als um einen Wechsel in die symbolische Wirklichkeit, die wir praktischerweise nach unseren Wünschen gestalten können. Das kommt in sehr vielen Lebensbereichen zur Anwendung. Übrigens: Wenn Sie als Sprinter versuchen, sich an der Startposition an vergangene Siege zu erinnern, um sich bewusst in einen guten Zustand zu versetzen, dann ist das nicht hilfreich. Wir bewegen uns nämlich nachweislich zurück, sobald wir an vergangene Ereignisse denken, und unmittelbar etwas nach vorne, sobald wir an Zukünftiges denken. Aus diesem Grund ist es wichtig, sich am Start vorzustellen, wie man bereits auf dem Siegertreppchen steht. Dadurch bewegen wir uns automatisch besser vorwärts, was ja beim Sprint wünschenswert erscheint.

Die holistische Wirklichkeit

Es gibt keine Grenzen, so lautet der Grundsatz der holistischen Wirklichkeit. Diese Perspektive steht damit in krassem Gegensatz zum objektiven Blickwinkel. Zunächst erscheint uns diese Annahme unsinnig zu sein. Schließlich stoßen wir ja ständig an Grenzen. Denn wir können beispielsweise nur im Umkreis von ein paar hundert Metern hören. Unser Leben ist begrenzt, genauso wie die Ressourcen der Erde insgesamt und unser Bankkonto im Speziellen. Aus der objektiven Sicht stimmen diese Feststellungen alle. Genau darum geht es ja – nämlich durch das Aufsetzen einer neuen Brille Dinge zu sehen, die uns zuvor verborgen geblieben sind. Schließlich ist die Welt das, wofür wir sie halten. Wechseln wir also hier einfach unsere Perspektive, und denken wir mal nicht in engen Grenzen. Studieren Sie nachts den Sternenhimmel, die Entfernungen, die Sie erahnen, sind unendlich: Es gibt scheinbar keine Grenzen, alles ist eins. In unseren Gedanken können wir all diese Grenzen tatsächlich aufheben. Zum Beispiel die zwischen zwei Menschen. Hat Ihr Kind eine tolle Leistung vollbracht und Sie sind darauf stolz, dann ist das ein Moment, an dem sich die Grenze zwischen Ihnen und Ihrem Kind auflöst. Ist Ihr Partner traurig und sind Sie allein aus diesem Grund auch traurig, dann betrachten Sie sich die Welt in dem Moment aus der holistischen Ecke. Wenn Sie bei einem Film mit dem Helden mitleiden und mitfiebern, ebenfalls. Auf der objektiven Ebene kann so ein Verhalten nicht ablaufen. Schließlich ist die Person im Film nicht echt. Sie ist ja noch nicht mal wirklich in Ihrer Nähe.

Wir können auch mit Objekten verbunden sein. Angenommen, Sie haben lange für Ihr Auto gespart. Voller Stolz parken Sie es in Sichtweite und gehen einen Kaffee trinken. Aus der Entfernung sehen Sie, wie sich jemand an Ihr Auto lehnt. Sie werden sich in diesem Moment fühlen, als würde diese Person Ihnen zu nahe kommen – und nicht Ihrem Auto. In dem Moment befinden Sie sich in der holistischen Wirklichkeit. Genauso wenn ein Tanzpaar quasi verschmilzt in der Bewegung und so eine Einheit bildet. So wie Reiter und Pferd eins werden.

In unserer Gedankenwelt wird es immer nur die Begrenzungen geben, die wir zulassen. «Denk doch, was du willst» ist daher mehr als nur eine Aufforderung, es ist eine konkrete Möglichkeit. In unseren Gedanken können wir alles machen, was wir denken können, und alles sein. Innerhalb von Sekunden vermögen wir uns an jede Stelle der Erde und des Weltalls zu träumen, die uns magisch anzieht. Habe ich einmal einen schlechten Tag, träume ich mich nach New York, auf die Malediven oder nach Südfrankreich – je nachdem, wo ich in dem Moment am liebsten hinwill. Natürlich, durch die objektive Brille gesehen bin ich nicht dort – durch die symbolische und holistische sehr wohl. Wenn uns jetzt noch klarwird, dass das Bewusstsein nicht zwischen Erlebnissen unterscheidet, die wir wirklich erlebt haben, und solchen, die wir uns nur bildhaft genug vorstellen, dann wird klar, welche Kraft in diesen Methoden stecken kann.

Als Autor, Redner und Künstler wechsele ich diese Ebenen ständig und gehe spielerisch mit der Welt um. Dasselbe könnten Sie auch tun, um alles um Sie herum einmal mit anderen Augen sehen zu können. Die Welt können Sie meist nicht ändern, aber sehr wohl Ihre Sicht auf die Dinge.

Beeinflussungsmethoden
mit echter Durchschlagskraft

Folgendes Experiment zeigt, wie unbemerkte Beeinflussung tatsächlich funktionieren kann. Ich fand es in Ian Harlings und Martin Nyrups Buch «Sleight of Mind». Es lohnt sich wirklich, das Experiment, das die beiden beschreiben, auszuprobieren.

Den Geruchsanker aktivieren

Sie brauchen dafür nicht viel: fünf Spielkarten, einen Zuschauer und ein klein wenig Parfüm. Zur Vorbereitung müssen Sie lediglich ein bisschen Duftwasser auf eine der Karten geben. Nehmen wir an, es handelt sich bei der parfümierten Karte um das Pik-Ass. Die Werte der anderen Spielkarten sind gleichgültig. Die Karte darf nur ein ganz klein wenig duften, wenn man sie ganz nah vors Gesicht hält.

Die Duftspur

- Jetzt brauchen Sie einen Mitspieler. Legen Sie die fünf Spielkarten in einer Reihe vor ihm aus. Die Bildseiten der Karten sollen dabei zum Tisch zeigen, die Rückseiten nach oben. Ihr Mitspieler sieht also nur die Rückseiten der Karten.
- Bitten Sie Ihren Mitspieler jetzt, die Augen zu schließen

und ruhig zu atmen. Erzählen Sie ihm langsam, dass seine anderen Sinne nun besonders geschärft seien, da er seine Augen geschlossen halte und sich ganz auf das Experiment konzentrieren könne. Um Ihre Chancen auf Erfolg zu erhöhen, müssen Sie nun seine Aufmerksamkeit auf den Geruchssinn lenken, ohne es explizit anzusprechen. Sie können das ganz einfach erreichen, indem Sie ihn bitten, sich auf seine Atmung zu konzentrieren.

- Lassen Sie Ihren Mitspieler tief und ruhig atmen. Während des Einatmens soll er sich bei diesem Experiment auf seinen Bauch konzentrieren. Falls Sie den Eindruck haben, dass Ihr Mitspieler entspannt ist und regelmäßig Luft holt, können Sie weitermachen. Erzählen Sie ihm, dass er seine Augen geschlossen lassen solle, während Sie den anderen Anwesenden erklären, was gleich geschehen werde. Drehen Sie alle Karten auf dem Tisch um und beweisen Sie so, dass alle unterschiedlich sind.

- Drehen Sie alle Karten bis auf das Pik-Ass erneut um. Nehmen Sie die besagte Karte in die Hand und halten Sie sie vor die Stirn Ihres Mitspielers. Sagen Sie ihm dabei, dass Sie nun fest an die Karte dächten. Das tun Sie auch! Wichtig ist aber, dass Sie die Karte so vor seine Stirn halten, dass er den Duft unbewusst wahrnimmt. Um ihn dazu zu bringen, sagen Sie ihm unterstützend, dass er sich auf alle Sinne konzentrieren solle, während Sie die Karte vor seine Stirn halten. Er möge auf alles achten, was er hört und fühlt – auch auf seine flache und regelmäßige Atmung! Er solle sich allen Eindrücken öffnen und ganz einfach erspüren, wie die Karte sich anfühlt.

- Jetzt legen Sie die Karte zurück an ihren Platz. Auf dem Tisch liegt also jetzt eine Reihe von Spielkarten, die alle mit der Rückseite nach oben zeigen.
- Nun soll Ihr Mitspieler seine Augen wieder öffnen. Zeigen Sie ihm die fünf Karten auf dem Tisch und erklären Sie ihm, dass er nun eine Karte nach der anderen in die Hand nehmen und an seine Stirn halten soll. Wenn er möchte, könne er dabei seine Augen wieder schließen. Raten Sie ihm, dass er nichts sagen und sich auch nicht auf eine Karte festlegen solle, bis er alle Karten an seine Stirn gehalten habe.
- Wenn er damit fertig ist, soll er intuitiv auf die Karte zeigen, die seiner Meinung nach zuvor an seine Stirn gehalten worden ist. Seine Entscheidung muss wirklich ganz ohne Nachdenken gefällt werden!

Sie werden über Ihre eigene Fähigkeit zu zaubern überrascht sein. Die Nummer funktioniert erstaunlich oft. Da der Duft nur sehr subtil wahrgenommen wird, weiß Ihr Mitspieler selbst nicht, warum er die richtige Karte ausgesucht hat. Übrigens erhöhen Sie Ihre Chancen weiter, wenn Sie die parfümierte Karte an die zweite Position von rechts legen. Umgekehrt: Falls Ihr Mitspieler Linkshänder ist, legen Sie die Karte an die zweite Stelle von links.

Instrumentarium der Beeinflussung

Neben Hypnose und Suggestion gibt es natürlich zahlreiche weitere Methoden der Beeinflussung. In der Regel funktionieren die auch ohne eine Trance-Induktion. Für mich zählt der Psychologe Robert B. Cialdini – der heißt wirklich so, das ist kein Künstlername – zu einem der besten Forscher auf diesem Gebiet. Sein Buch «Die Psychologie des Überzeugens» ist meines Erachtens bahnbrechend. Hier beschäftigt sich Robert B. Cialdini ausschließlich mit den Faktoren, die dazu führen, dass eine Person etwas tut, was eine andere möchte. Er untersucht, welche Techniken es gibt, einem anderen Menschen etwas zu suggerieren und ihn willfährig zu machen.

Nach all seinen Untersuchungen kommt er letztlich zu dem Schluss, dass es Tausende von Techniken gibt – von denen ich Ihnen hier viele vorstellen werde –, die sich aber fast alle in sechs Kategorien einordnen lassen. Jede dieser sechs beinhaltet ein psychologisches Prinzip, das wiederum einen entscheidenden Einfluss auf unser Verhalten hat. Diese sind:

- Reziprozität,
- Konsistenz,
- soziale Bewährtheit,
- Sympathie,
- Autorität und
- Knappheit.

Ich möchte mich mit diesem Buch und dem, was ich hier schreibe, auf gar keinen Fall auf die dunkle Seite der Macht begeben. So beschreibe ich diese Methoden nicht deshalb, damit Sie sie anwenden können, sondern ausschließlich, damit Sie sie kennenlernen. Sie wären dazu natürlich nach der Lektüre dieses Buchs in der Lage, aber Sie sollten es einfach lassen. Ich verfolge nur die Intention, Ihnen diese Methoden transparent zu machen, und will, dass Sie Erkenntnisse daraus ziehen können. Erkennen Sie von nun an Manipulateure und gehen Sie Ihnen nicht mehr auf den Leim! Entlarven Sie die Geheimnisse, die Ihnen vorher vielleicht verborgen geblieben sind. Sie werden kennenlernen, wie sich Manipulateure dieser Instrumente bedienen, sobald sie Ihnen etwas aufschwatzen wollen, sei es, ein Produkt zu erwerben, eine Spende zu geben oder Ihrerseits auch ein Zugeständnis zu machen. Es sieht so aus, als würde das Wissen darüber immer wichtiger werden, denn in unserer schnelllebigen Zeit mit einer immer größer werdenden Informationsflut, die rund um die Uhr auf uns einstürzt, weil wir immer verfügbar sind, geraten wir offensichtlich immer öfter in Manipulationsgefahr. Transparenz und sich die Gefahren bewusst zu machen, das ist eine gute Art der Gegenwehr, die dabei erfolgreich einzusetzen ist.

Dazu sollten Sie sich eines klarmachen: Wir Menschen haben gewöhnlich gewisse Reiz-Reaktions-Mechanismen verinnerlicht, aus denen wir oft nicht mehr rauskommen. Vor allem wenn wir unter Druck oder Stress stehen, greifen wir auf solche Verhaltensweisen zurück, die uns in der Vergangenheit bereits gute Dienste geleistet haben. Das ist weder gut noch schlecht. Es hat sich einfach im Laufe der Evolution als sinnvoll erwiesen. Durch unsere Art der Selektion können wir normalerweise Wichtiges von Unwichtigem trennen und ohne großen Denkaufwand durch den Alltag kommen. Typische Reiz-Reaktions-Mechanismen erleichtern uns unter normalen Umständen das Leben.

Ich glaube übrigens, dass es bei Kaffeehausketten wie «Starbucks» überhaupt nur aus diesem Grund den «Kaffee des Tages», den «Coffee of the day», gibt. Er ist für Menschen wie mich erfunden worden. Mich überfordert das unglaubliche Angebot auf der Tafel regelmäßig. Da ich vor meiner Frau aber nicht als vorhersehbarer Langweiler dastehen möchte, der immer dasselbe bestellt, habe ich einen Trick: Ich bestelle immer wieder mal diesen «Coffee of the day». So bringe ich eine schöne Variation in die Bestellung und muss trotzdem nicht allzu viel Energie darauf verwenden, um zu überlegen, welche von den gefühlt vorhandenen 25 000 Kaffeesorten ich bestellen soll. Mein Verhalten ist in diesem Fall einfach praktisch und funktioniert automatisch. Die Welt ist schon kompliziert genug, da nehme ich in diesem Fall gern die Möglichkeit in Anspruch, ohne viel Nachdenken durch das Nachmittagskaffeeangebot zu kommen.

Unter normalen Umständen hilft es uns also sehr, ein Verhaltensmuster zur Verfügung zu haben, dass uns das Leben erleichtert. Wir haben solche Vorurteile somit nicht ohne Grund. Unter normalen Umständen machen sie uns ja erst ein angenehmes Leben möglich: Sie verhelfen uns ein bisschen zur Leichtigkeit des Seins. Normalerweise kommt ja auch kein hinterlistiger Mensch zu uns und nutzt diese Mechanismen schamlos für seine schädlichen Ambitionen aus.

Zahlen über Zahlen

Bitte lesen Sie sie folgenden Zahlwörter und nennen Sie am Schluss die nächstfolgende Zahl:

eintausendvierundneunzig,
eintausendfünfundneunzig,
eintausendsechsundneunzig,
eintausendsiebenundneunzig,
eintausendachtundneunzig,
eintausendneunundneunzig.

Bitte ergänzen Sie die nächste Zahl.

Na, haben Sie auch die Zweitausend genannt? Dann haben Sie zwar so gehandelt, wie fast alle Menschen, mit denen ich diesen Test bereits durchgeführt habe. Trotzdem bleibt die Antwort falsch. Die richtige Zahl lautet natürlich eintausendeinhundert. Robert B. Cialdini nennt diesen Mechanismus «Klick-surr-Verhalten». Es ist aus Verhaltensweisen zusammengesetzt, die praktisch jedes Mal genau gleich ablaufen. Sie werden immer wieder durch bestimmte Auslöser hervorgerufen. Ich gebe Ihnen noch ein Beispiel.

Buchstabendreher-Experiment

Bitte lesen Sie das folgende Wort laut und deutlich: Fensterbänke. Das war nicht laut genug, also bitte noch mal: Fensterbänke. Jetzt mal ein Buchstabendreher: Bensterfänke. Das

war noch ein wenig undeutlich, bitte ein weiteres Mal: Bensterfänke. So, und nun bitte folgendes Wort laut sagen: Be-
nebelter.

Ist das nicht ein Ding? Mit nur sehr geringen Modifikatio-
nen können wir so beeinflusst werden, dass wir ein Wort
falsch betonen, weil wir uns dabei sofort an einem anderen
Wort orientieren. Wenn innerhalb so weniger Wendungen
bereits solche Verhaltensweisen ausgelöst werden können,
was denken Sie denn, wie sehr unsere Mitmenschen und
unsere Umwelt mit allen möglichen Mitteln dafür sorgen
können, dass sich solche Muster in unser Bewusstsein ein-
graben? Stellen Sie sich mal vor, wie leicht wir für jemanden
zu knacken sind, der weiß, wie wir ticken!

Gegensätze ziehen sich an

Eine Möglichkeit, solche Muster auszunutzen, haben wir
mit dem sogenannten Kontrastprinzip der menschlichen
Wahrnehmung in der Hand. Das dahinterstehende Prinzip
besagt, dass wir zwei Dinge oft als unterschiedlicher wahrnehmen, als sie eigentlich sind, wenn wir damit unmittelbar hintereinander konfrontiert werden. Nehmen wir also
an, Sie fahren mit Ihrem Auto auf der Autobahn hundert-
neunzig Stundenkilometer schnell. Wenn Sie jetzt ab-
bremsen, die nächste Ausfahrt nehmen und in einen Ort
einbiegen, dann kommen Ihnen die fünfzig Stundenkilometer, die Sie jetzt fahren müssen, sehr langsam vor. Sobald
Sie aber eine Tempo-30-Zone verlassen und auf fünfzig

Stundenkilometer beschleunigen, dann kommen Sie sich vor wie Sebastian Vettel. Das meint man mit Kontrastprinzip.

Ein sehr bemerkenswertes Beispiel schildert Robert B. Cialdini im Bezug darauf, wie viel Attraktivität wir einem Mitmenschen beimessen. Wenn wir uns beispielsweise mit einem sehr schönen Exemplar des anderen Geschlechts unterhalten und danach mit einem weniger attraktiven, dann wird uns diese zweite Person unattraktiver vorkommen, als sie «eigentlich» ist. An meine weiblichen Leser: Angenommen, Sie reden zuerst mit dem Doppelgänger von Johnny Depp, dann kommt Ihnen jeder andere Mann plötzlich vor wie der rasierte Bruder von King Kong. An meine männlichen Leser: Gott sei Dank haben Depp und Clooney nur sehr wenige Doppelgänger. Außerdem haben die für uns Deutsche echt bescheuerte Nachnamen, vor allem der gute Johnny.

Laut einer Studie von D. T. Kenrick, S. E. Gutierres und L. L. Goldberg aus dem Jahr 1989 kann der Schönheitswahn und die daraus resultierende Darstellung sehr attraktiver Menschen in den Medien – in Serien, Filmen, Castingshows – dazu führen, dass wir unzufriedener werden mit dem Aussehen unseres gegenwärtigen oder zukünftigen Partners. Weitere Studien dieser Forscher legen die Vermutung nahe, dass das Betrachten von Aktfotografien von sexuell sehr attraktiven Menschen dazu führen kann, dass der eigene Partner an sexueller Attraktivität verliert. Die Welt ist halt immer das, wofür wir sie halten! Hierzu fällt mir ein schönes Wort von Eckart von Hirschhausen ein. Er sagte in seinem Programm «Glücksbringer»: «Die Menschen in den Zeitungen sehen auch nicht aus wie die Menschen in den Zeitungen.» Allein diese Gewissheit sollten wir uns immer wieder ins Bewusstsein rufen. Heutzutage kann man den Bildern in Illustrierten und Filmen nicht mehr glauben. Damit Sie sich hier von der Modeindustrie nicht mehr manipulieren lassen, gibt es einen sehr guten Trick: Suchen Sie im Internet Bilder, auf denen Ihre Schönheitsideale in Unterwäsche zu sehen sind. Des Weiteren sollten Sie immer im Kopf behalten, dass es mit den sogenannten Retuscheuren einen ganzen Berufszweig gibt, der aus attraktiven Menschen absolut makellos schöne Menschen macht. Die Computerwelt bietet da wunderbare technische Möglichkeiten. Nur auf Bildern, wohlgemerkt, in Wirklichkeit müssen all diese ach so perfekten Menschen morgens auch als Erstes aufs Klo. Sehr hilfreich kann diesbezüglich auch der Besuch auf folgender Internetseite sein: www.glennferon.com.

Glenn Feron ist ein Meister der «Art of Retouching», der Kunst des Retuschierens also. Sehen Sie sich die Models zuerst als wunderschöne Wesen abgebildet an – und dann betrachten Sie sie, bevor der Meister die Bilder bearbeitet hat. So was kann sehr heilsam sein. Falls Ihnen das nicht reicht, habe ich noch einen abschließenden Tipp für Sie. Ausprobieren ist aber auf eigene Gefahr!

Falls Sie mit irgendeiner Stelle Ihres Körpers nicht hundertprozentig zufrieden sind, dann besuchen Sie einfach mal im Sommer ein Freibad. Was Ihnen hier an körperlichen Unzulänglichkeiten geboten wird, übertrifft selbst kühnste Erwartungen. Das finde ich übrigens überhaupt nicht schlimm, ganz im Gegenteil. Es ist einfach nur die echte Welt und nicht die aus den Hochglanzmagazinen oder Filmen. Was mich allerdings regelmäßig überrascht, ist die Selbstverständlichkeit und das Selbstbewusstsein, mit dem zum Beispiel die Besitzer einer riesigen Bierwampe diese stolz – und grundsätzlich ohne T-Shirt drüber – zur Schau stellen. Warum laufen eigentlich meistens genau die Menschen mit nacktem Oberkörper rum, bei denen man den nicht sehen will? Und warum tragen im Sommer diejenigen, die man gern mal genauer betrachten würde, Kleider mit hochgeschlossenem Bubikragen? Nur für ganz Hartgesottene: Es gibt ja noch den FKK-Strand. Das habe ich mich bisher allerdings noch nicht getraut. Man will ja nachts noch ruhig schlafen ...

Doch zurück zum Kontrastprinzip: Das beinhaltet meistens sehr subtile Methoden, die auf die ein oder andere Weise bei jedem von uns funktionieren. Was macht ein listiger Verkäufer, wenn er uns dazu bringen will, viel Geld auszugeben? Falls er das Kontrastprinzip nutzt, macht er Folgendes: Er zeigt uns zuerst das teuerste Produkt und dann erst die günstigeren. Robert B. Cialdini beschreibt diese Taktik am Beispiel eines Herrenausstatters. Angenommen, ein Mann will einen Anzug und ein Hemd kaufen. Am geschicktesten verkauft das Personal, wenn es erst den teuren Anzug anbietet und dann erst das Hemd. Das kann in dem Fall auch teuer sein, egal. Im Vergleich zum Anzug ist es in jedem Fall günstiger. Die Chancen, dass beide Teile gekauft werden, sind bei Einhaltung dieser Reihenfolge höher, als wenn erst das Hemd und dann der Anzug angeboten würden. In dem Fall würde das Kontrastprinzip sogar gegen den Verkäufer arbeiten, denn wenn wir zuerst ein billigeres Produkt sehen und dann ein teures, dann kommt uns die teure Ware ja zwangsläufig noch teurer vor. Die Energie folgt der Aufmerksamkeit, und zwar in beide Richtungen.

Autoverkäufer nutzen das Prinzip oft, indem Sie erst den Preis des Wagens mit ihren Kunden aushandeln und dann die Preise für die Extras nennen. Wenn wir Tausende von Euro für ein Auto ausgeben, dann kommen uns Hunderterbeträge plötzlich mickrig vor, obwohl wir gerade, objektiv gesehen, richtig viel Geld ausgeben. Ich selbst habe mir vor einigen Jahren an einem Tag ein Auto und ein Fahrrad gekauft. Der Fahrradhändler hatte Glück. Nachdem ich viel Geld für ein Auto ausgegeben hatte, schienen mir die paar hundert Euro für das Fahrrad wie ein Schnäppchenpreis. Unter normalen Umständen hätte ich das teure Fahrrad nicht einfach mal so gekauft, aber in dem Fall kam bei mir das Kontrastprinzip zur Anwendung. Befassen wir uns nun mit den genannten Kategorien von Robert B. Cialdini im Einzelnen.

Gegenseitigkeit zahlt sich aus

«Nichts kostet mehr als das, was es umsonst gibt», so bringt es Michihiro Matsumoto auf den Punkt. Im kommenden Dezember können Sie sich ein Bild davon machen, wie zuverlässig die Reziprozitätsregel funktioniert. Schnappen Sie sich einfach das Telefonbuch und verschicken Sie Weihnachtskarten an wildfremde Personen. Sie werden sehen, Sie werden in den folgenden Wochen plötzlich sehr viel Post bekommen.

Genau das machten die Forscher Philipp Kunz und Michael Woolcott im Jahr 1976. Das Ergebnis war verblüffend, fast alle der von ihnen angeschriebenen Personen hatten geantwortet – und zwar ohne dass sie wissen wollten, von wem sie die Karte eigentlich bekommen hatten. Sie erhielten irgendwann Post und antworteten einfach darauf. Ganz automatisch. Reiz und Reaktion, eine logische Folge. Damit sind wir bei Robert B. Cialdinis Reziprozitätsregel: «Diese Regel besagt, dass wir darum bemüht sein sollen, anderen zurückzugeben, was wir von ihnen bekommen haben. Wenn uns jemand einen Gefallen tut, sollten wir ihm auch einen tun …» Dieses Bedürfnis, Gefälligkeiten prompt zu erwidern, zieht sich offenbar durch alle Kulturen. Allerdings lässt es mit der Zeit und genügend Abstand zum Impuls mehr und mehr nach, sofern es sich nur um eine kleine Gefälligkeit handelt. Falls Sie also vor fünf Jahren von einem Fremden einen Kaugummi angeboten bekommen haben sollten, dann werden Sie ihm jetzt nicht unbedingt unvermittelt eine Ihrer Nieren spenden. Andererseits: Wenn Ihnen vor fünf Jahren jemand wirklich einen großen Gefallen getan hat, dann werden Sie das nicht vergessen und entsprechend reagieren, auch wenn Sie viel dafür einsetzen müssen. Das gilt übrigens nicht nur für Gefälligkeiten, sondern auch umgekehrt für alles Schlechte, was uns widerfährt. Es steht schon in der Bibel: «Wir ernten, was wir säen.»

Bevor ich jetzt jedoch zu hochtrabend werde, einige Beispiele aus dem Alltag: Studien zeigten, dass Fragebögen viel eher an den Absender zurückgeschickt werden, wenn die Befragten nicht nur die Fragen zugesandt bekommen, sondern auch ein kleines Geldgeschenk dazu. Da wir alle lieber den Spatz in der Hand halten, als die Taube auf dem Dach zu sehen, ist es deshalb sinnvoll, wenn Unternehmen beispielsweise ihre Erhebungen direkt mit einem Gutschein über eine kleinere Summe verschicken. Ein Fragebogen zur Kundenzufriedenheit einer Versicherung, der mit einem Fünfdollarscheck verschickt wird, ist doppelt so effektiv wie das Angebot, dass ausgefüllte Fragebogen mit fünfzig Dollar belohnt werden (Warriner, Goyder, Gjertsen, Horner und McSpurren, 1996).

Eine andere Studie zeigt, dass Kunden mehr Trinkgelder geben, wenn sie zur Rechnung eine kleine Süßigkeit dazugelegt bekommen (Strohmetz, Rind, Fisher und Lynn, 2002). Auch Gratisproben, die man in Geschäften bekommt, fallen in diese Kategorie. Vance Packard schreibt in seinem berühmten Buch «Die geheimen Verführer» aus den Fünfzigern – für mich übrigens *das* Buch über Verkauf und Werbung, obwohl es schon so alt ist – von einem Verkäufer, der im Supermarkt innerhalb weniger Stunden das komplette Käsesortiment verkaufte, weil er seinen Kunden anbot, sich selbst Gratiskostproben abzuschneiden.

Das Perfide an der Sache ist, dass der Automatismus auch dann bei uns wirkt, wenn die Gefälligkeiten zuvor überhaupt nicht von uns selbst gefordert wurden. Und auch Menschen, die uns nicht sympathisch sind, können sich bei uns einschmeicheln, indem sie mit einer kleinen guten Tat in Vorlage treten. Selbst dann fühlen wir uns verpflichtet, auf diese Vorleistung zu reagieren. Kurzum: Diese Regel schränkt uns in unserem Entscheidungsverhalten sehr stark ein, denn frei entscheiden kann meistens nur derjenige, der als Erster jemandem eine Gefälligkeit erweist. Er legt fest, welchen Gefallen er uns tut, und er bestimmt, welche Gegenleistung er von uns einfordern möchte.

Dasselbe gilt übrigens auch in Preisverhandlungen, in denen eine Partei die Summe vorgibt. Angenommen, Sie wollen ein Produkt kaufen. Der Verkäufer nennt als Erstes seinen – Ihrer Meinung nach überteuerten – Preis, sagen wir einhundert Euro. Sie denken, diese Forderung sei nicht angemessen, und bieten achtzig Euro. Der gesunde Menschenverstand bringt uns in aller Regel dazu, uns in der Mitte zu treffen und uns mit dem Erstbieter zu einigen. Das Produkt wechselt also für neunzig Euro den Besitzer. Warum eigentlich? In Wirklichkeit gibt es doch keinen Grund dafür, oder?

Eine gute Nachricht habe ich noch für Sie: Die Reziprozitätsregel gilt nicht in unserer Familie und sollte auch nicht unter Freunden gelten. Gerade von guten Freunden nehmen wir Gefälligkeiten ohne Wenn und Aber an und ohne dabei ein schlechtes Gewissen zu bekommen oder uns in der Pflicht zu fühlen. In der Familie und unter echten Freunden hilft man sich gewöhnlich, weil man sich mag. Und aus keinem anderen Grund sonst. Vielleicht denken Sie ja auch so.

Eine Abwandlung dieser Regel liegt in einem Zugeständnis. Eines Abends wollte mein Sohn noch eine Tafel Schokolade essen. Ich hatte ihm das erst nicht erlaubt. Ein kleines Stück bekam er aber dann dennoch. So was kann uns auch in anderen Bereichen passieren. Man nennt das auch die Tür-ins-Gesicht-schlagen-Taktik. Sie ist sehr einfach: Wir werden um einen großen Gefallen gebeten, den wir nicht erfüllen wollen. Nachdem wir den Gefallen abgewiesen haben, bittet uns unser Gegenüber nun um eine kleinere Gefälligkeit – falls es uns wirklich nach Strich und Faden manipulieren will, dann ist das kleinere Anliegen vielleicht genau das, was es eigentlich von Anfang an als Ziel im Sinn hatte. Die Chance, dass wir dieser Bitte jetzt nachgeben, ist außerordentlich hoch. Das Kontrastprinzip kommt hier erneut zur Anwendung.

In meinem letzten Abendprogramm gab es einen Moment, an dem ich mir einen Geldschein zu leihen versuchte. Vor einigen Jahren sagte ich an dieser Stelle einfach immer: «Als Nächstes brauche ich einen Geldschein!» Das ist aber schon sehr lange her, ein typischer Anfängerfehler. Auf diese Weise fühlt sich kein Mensch angesprochen. Das Ergebnis: Keiner reagierte. Dann las ich bei Robert B. Cialdini vom Kontrastprinzip, von Reziprozität und der Magie von Zugeständnissen. Danach versuchte ich folgende Variante, um mein Publikum zu beeinflussen. Ich zeigte auf einen Mann im Publikum und sagte: «Als Nächstes brauche ich hundert Mark.» Die Sache ist wirklich schon lange her, damals gab es noch kein Internet, keine Mails, keine Casting-Shows, keine Navigationssysteme – und keine Euros. Die Reaktion war jetzt meistens ein nervöses Lächeln, so auch im Fall des anvisierten Herrn. Aufgrund des Gruppendrucks innerhalb der Zuschauermenge sah er aber in jedem Fall in seinem Geldbeutel nach.

Warum es immer mehr bringt, eine einzelne Person aus der Masse konkret und direkt anzusprechen, als eine Bitte pauschal einfach an alle zu richten, besprechen wir später noch ausführlicher. Im oben beschriebenen Fall gab es mehrere Möglichkeiten: Entweder er hatte einen Hundertmarkschein dabei und wollte ihn mir auch leihen, oder er hatte einen Hundertmarkschein dabei und wollte ihn mir nicht leihen. Vielleicht hatte er auch weniger zur Verfügung – oder mehr, egal. Wie dem auch sei, nachdem der Herr in meinem Fall nachgeschaut hatte, machte ich eine Pause und sagte: «Na gut, es müssen ja nicht unbedingt hundert Mark sein, zwanzig oder zehn reichen auch.» Diese Einschränkungen wirkten wie pure Magie. Ab dem Moment griffen viele Zuschauer in die Taschen und hielten ihre Geldscheine hoch.

So gehe ich noch heute in solchen Fällen vor, und es funktioniert tadellos.

An dieser Stelle ein Tipp für meine jungen Leser: Wenn ihr mehr Taschengeld wollt, dann probiert mal folgende Taktik: Angenommen, ihr bekommt zwölf Euro in der Woche und wollt in Zukunft fünfzehn Euro haben. Die Summen sind hier willkürlich gewählt; meine Kinder sind ja noch so klein, dass sie gar kein Taschengeld kriegen. Die Zahlen sind an dieser Stelle also reine Platzhalter. Nun: Ihr könnt eure Chancen drastisch erhöhen, wenn ihr mit eurer Bitte nach mehr Taschengeld ein wenig höher einsteigt. Sagt also am besten: «Liebster Papa, mein Taschengeld reicht einfach nicht aus. Alle meine Freunde bekommen achtzehn Euro.» Wenn der liebste Papa – oder die liebste Mama – jetzt zustimmt, beglückwünsche ich euch. Achtet in dem Fall auf euer Gesicht. Die Verblüffung sollte nicht zu groß sein, die Freude, die darin abzulesen ist, auch nicht. Zeigt eher mäßige Freude und bedankt euch. Redet jetzt nicht zu viel! Einfach nur von Herzen danke sagen, die Kohle einstreichen und gehen.

Angenommen, er sagt daraufhin nein, dann könntet ihr es immer noch mit fünfzehn Euro probieren. In meinem Abendprogramm hat diese Taktik bereits einen festen Platz. Zu Recht. Noch ein Wort der Warnung: Wenn ihr eure erste Forderung unverhältnismäßig hoch, also zu hoch, gewählt habt, geht der Schuss möglicherweise nach hinten los. In solchen Fällen wird die Bitte als unrealistisch oder unverschämt betrachtet, was auf euer Ansehen abfärbt. Ihr werdet nicht mehr ernst genommen werden. Ein Mensch mit gutem Verhandlungsgeschick wird also seine Forderung genau so wählen, dass sie Platz lässt für das Angebot

der Gegenseite. Falls er geschickt operiert, bekommt er so –
als Konzession – von der Gegenseite genau das Angebot, das
ihm vermeintlich sowieso schon die ganze Zeit vorschwebte. Allerdings nur, wenn die Gegenseite nicht dieses Buch
gelesen hat … Ich könnte an dieser Stelle noch sehr viele
schöne Beispiele Robert B. Cialdinis zitieren. Das mache ich
aber nicht und suche lieber eigene. Falls Sie mehr von ihm
lesen wollen, das Buch «Die Psychologie des Überzeugens»
ist voll davon, und die Lektüre lohnt sich wirklich.

Noch ein Wort zur geschickten Abwehr der Methode. Es
ist nicht unbedingt notwendig, alle Gratisangebote, Proben
und Gefälligkeiten abzulehnen, um bloß nicht beeinflusst
zu werden. Falls Sie möchten, dann nehmen Sie das Angebot ruhig an. Sie sollten aber Ihren Blickwinkel ändern
und all diese Geschenke von nun an nicht mehr als Präsente, sondern als Detail eines Verkaufstricks betrachten. So
fühlen Sie sich nicht mehr in der Schuld des Gebers. Er will
mit Ihnen ein Geschäft machen, und Sie sind frei, zu- oder
abzusagen. Haben Sie das im Sinn, kann Ihnen nichts passieren. Mit dem Zugeständnis ist es genauso. Sobald Sie die
Taktik erkannt haben, können Sie denken, was Sie wollen –
gemäß dem Titel dieses Buchs. Ich könnte auch mal wieder
sagen: Die Welt ist das, wofür Sie sie halten.

Eine weitere Geschichte zeigt sehr deutlich, wie das
Kontrastprinzip in den richtigen Händen wirken kann. Die
Story handelt von einem der schillerndsten Trickbetrüger
der Geschichte: Victor Lustig. Ihm gelang es sogar, einigen
gutgläubigen Schrotthändlern den Eiffelturm zu verkaufen!
Das ist aber eine andere Geschichte. Hier seine Anwendung
des Kontrastprinzips: Die Sache zeigt, dass sogar Al Capone
vor dieser Methode nicht sicher war.

Lustig ging einfach zu Capone und sagte ihm, er könne für ihn den Betrag von 50 000 Dollar verdoppeln, wenn er ihm dieses Geld nur leihen würde. Da Lustig sehr gute Manieren hatte, sehr gepflegt aussah und tadellos Englisch sprach, gab Capone ihm die Summe. Die Abmachung war, dass Capone in sechzig Tagen das Doppelte zurückbekommen sollte. Lustig aber nahm das Geld, legte es in einen Banksafe und fuhr nach New York, um dort zu «arbeiten». Das Geld blieb so zwei Monate dort, ohne dass Lustig oder irgendein anderer Mensch sich dafür interessiert hätte. Lustig hatte das Geld noch nicht einmal angerührt. Nach sechzig Tagen nahm Lustig das Geld aus dem Safe und ging erneut zu Capone. Er lächelte freundlich und sagte entschuldigend, dass es ihm nicht gelungen sei, das geliehene Geld zu verdoppeln. Es tue ihm wirklich leid, er habe versagt.

Capone reagierte sichtlich ungehalten. Er überlegte sofort, wie und von wem er Lustig umbringen lassen könne. Dann geschah etwas Überraschendes. Lustig nahm die 50 000 Dollar aus der Tasche und gab sie Capone zurück. Es waren natürlich 50 000 Dollar, exakt dasselbe Geld, das Capone ihm zwei Monate zuvor überreicht hatte. Er gab es ihm mit den Worten, dass sein Versagen ihm unendlich leidtue und dass er das Geld liebend gerne verdoppelt hätte, er selbst habe das Geschäft dringend nötig gehabt.

Capone war beeindruckt. Er hatte zwar nie damit gerechnet, das Doppelte zu bekommen – er hatte aber noch weniger damit gerechnet, das Geld wieder zurückzubekommen. Mit den Worten: «Mein Gott, sind Sie ehrlich», gab er Lustig 5000 Dollar, um ihm damit aus der Bredouille zu helfen. Der war sehr dankbar und überwältigt. Nach einer tiefen Verbeugung verließ er den Raum. Diese 5000 Dollar waren von Anfang an Lustigs Ziel gewesen. Die Geschichte zeigt übrigens auch, dass Freundlichkeit und Sympathie unglaublich mächtige Manipulatoren sind.

Commitment und Konsistenz

Commitment bedeutet in diesem Fall so viel wie «sich festlegen, zusagen, sich an etwas binden». Bitte wundern Sie sich nicht, dass ich ein Nomen mit einem Verb übersetze, ich finde, das liest sich flüssiger und trifft den Sinn besser. «Festlegung, Zusage und Bindung», diese Substantive klingen ein wenig gestelzt. Ich glaube, das ist auch der Grund, warum sich im Deutschen das Wort «Commitment» als Fachbegriff durchgesetzt hat und auch immer öfter in den Medien zu finden ist.

In meinem «Blauen Elefanten» beschrieb ich das sogenannte Monty-Hall-Dilemma. Sie erinnern sich? Im Deutschen wird es auch manchmal das Ziegenproblem genannt. Damit wird gezeigt, dass ein Mensch die Tendenz hat, an einer einmal getroffenen Entscheidung weiterhin festzuhalten. Selbst wenn man ihm beweisen kann, dass sein Entschluss vielleicht nicht günstig wäre, er bleibt unbeirrt dabei.

Der auf Seite 24 f. erwähnte Zeitungsvertreter konnte mir ganz klar mit dem Prinzip der Konsistenz mehrere Abonnements aufschwatzen. Es wäre von meiner Seite aus somit inkonsistent gewesen, ihm die Zeitungen nicht abzukaufen. Schließlich hatte ich ihm vorher gesagt, ich würde gern Zeitschriften lesen und noch dazu jederzeit einem Menschen helfen wollen. Wir alle wollen natürlich

Instrumentarium der Beeinflussung

zu unserem Wort stehen und uns somit konsistent verhalten. Genau dieses Bestreben macht die Methode zu einer so wirkungsvollen Waffe der Beeinflussung. Wir wollen nicht wankelmütig erscheinen, genau das könnten listige Verkäufer oder Mitmenschen nutzen und uns so dazu bringen, gegen unsere Interessen zu verstoßen, nur um unser Image schön poliert zu halten, damit wir uns weiterhin gut fühlen.

Das Wissen darum kann Ihnen auch helfen, am Strand oder im Freibad nicht mehr beklaut zu werden. 1975 wurde beispielsweise folgende Situation von zwei Wissenschaftlern fingiert (Moritary, 1975): Stellen Sie sich einen belebten Strand im Sommer vor: Ein Strandbesucher – in Wirklichkeit einer der Forscher – breitet sein Handtuch aus und legt seine Kleider, seine Tasche und sein Kofferradio neben sich aufs Handtuch. Kurz darauf steht er auf und spaziert am Meer entlang. Jetzt kommt ein Dieb – in Wirklichkeit der andere Forscher – und nimmt das Radio einfach weg. Sie können sich sicher denken, wie die meisten anderen reagiert haben, nämlich gar nicht. Sie schauten einfach weg. Von zwanzig Personen machten nur vier Anstalten, den Diebstahl zu verhindern.

Bevor Sie jetzt glauben, dass die Menschen einfach alle nur schlecht sind, lesen Sie bitte weiter. Mit einem einfachen Trick konnten nämlich neunzehn von zwanzig Personen dazu gebracht werden, einen Dieb zu stören. Bevor der Forscher jetzt zum Spaziergang aufbricht, sagt er einfach zu den anderen Strandgästen: «Ich bin kurz mal weg, würden Sie bitte auf meine Sachen achten?» Wenn jetzt der Dieb kommt, hat fast jeder Angesprochene das Radio im Auge und wird sofort aktiv.

Warum wir Scharlatanen so gern
auf den Leim gehen

In der Commitment- und Konsistenzregel liegt übrigens auch eine der Ursachen dafür, warum Menschen von Wunderheilern, Medien und Scharlatanen gemeinhin so magisch angezogen werden. Um Ihnen diese Behauptung zu verdeutlichen, muss ich ein wenig ausholen.

Es erleichtert unser Leben ungemein, wenn wir an einer einmal gefassten Meinung festhalten! Das liest sich zynisch, ist aber überhaupt nicht so gemeint. Wir müssen ja so viel denken und entscheiden, um unseren Alltag zu bewältigen, uns mit Massen von Informationen herumschlagen und dann auch noch genau herausfiltern, welche davon für uns relevant sind. Da wir aus allen Informationen sowieso höchstens neun und mindestens fünf Eindrücke herausholen können, ist es sehr sinnvoll, dass wir eine Art Energiesparmodus im Kopf haben, der uns das Denken erleichtert. Es ist von der Natur bestens eingerichtet worden, dass sie uns einen Mechanismus mitgegeben hat, um die Komplexität unseres Alltags besser bewältigen zu können. Die Konsistenz hat also nicht nur Nachteile. Wenn sie jemand allerdings ausnutzt, kann das für uns heftige Folgen haben.

Nehmen wir weiterhin an, jemand hat eine wirklich tiefgreifende Sorge, er hat einen geliebten Menschen verloren. Die betreffende Person würde alles dafür tun, mit diesem noch einmal reden zu können. Jetzt kommt einer und behauptet, er könne das tatsächlich arrangieren und mit dem

Toten in Verbindung treten. Der Wunsch, dass dieses Angebot doch funktioniert, ist so stark, dass ernsthaft in Erwägung gezogen wird, es anzunehmen. Damit haben wir uns aber schon festgelegt! Der erste Schritt in die Konsistenzfalle ist vollführt. Sobald jemand dem verführerischen Angebot eines Mediums oder Wunderheilers aufgesessen ist, wird es – und zwar aufgrund von Commitment und Konsistenz – sehr schwierig, ihn davon zu überzeugen, dass das alles nur Humbug ist. Nach der ersten Sitzung ist das auch mit sehr guten Argumenten fast nicht mehr möglich. Das ist auch der Grund, warum so viele unglaubliche Geschichten von Medien und Wunderheilern kursieren, die das eigentlich Unmögliche möglich machen können.

Ein Satz, den ich immer wieder höre, wenn ich mich diesbezüglich skeptisch äußere, lautet: «Jetzt erklär mir aber bitte mal, wie ...» Dann kommt eine wirklich unfassbare Geschichte. Offen gestanden fühle ich mich dann immer ein wenig unwohl. Ich weiß, dass die Wirksamkeit das Maß der Wahrheit ist und es vielen Menschen wirklich hilft, einen Glücksbringer in der Tasche zu haben oder zu einem verantwortungsbewussten Kartenleger zu gehen. Ich rede privat eigentlich viel lieber über Musik, Gitarren, schöne Autos oder gute Serien – die beste ist meines Erachtens übrigens nach wie vor «Die Sopranos». Einige Bekannte reden aber immer wieder gern über ihre Erfahrungen mit Übersinnlichem. Ich kann das verstehen – das Thema ist ja so reizvoll, dass ich einen Teil meiner beruflichen Laufbahn darauf aufgebaut habe. Es ist eine faszinierende Sache, das gebe ich gern zu. Dennoch erkläre ich manche Dinge nicht gern. Der Mentalist Joseph Dunninger hat einmal gesagt: «Für diejenigen, die daran glauben, ist keine Erklärung notwendig, und für diejenigen, die nicht daran glauben, reicht keine Erklärung aus.» Genauso ist es. Der Spruch funktioniert in beide Richtungen: Diejenigen, die fest daran glauben, werden keine Argumente dagegen gelten lassen, und für die anderen ist es nicht notwendig, welche vorzubringen.

Auf die Bitte: «Jetzt erklär mir das aber bitte mal ...», folgt für gewöhnlich eine Geschichte, die wirklich nicht zu erklären ist. Das kann viele Gründe haben. Einer davon ist, dass es sich vielleicht um eine Story handelt, die einem Arbeitskollegen von der Schwester des Schwagers passierte. Weil sie so gut ist, wurde sie natürlich so oft weitererzählt, dass ihr Inhalt mittlerweile von der Wahrheit denkbar weit entfernt ist. Die berühmte Spinne in der Yuccapalme! Wir erinnern uns beim Nacherzählen an viele Details nicht mehr vollständig und so wird aus einer mündlich überlieferten Geschichte nach einigen Instanzen eine ganz andere Story – wie bei der stillen Post. Falls Sie das mit den Detail nicht nachvollziehen können: Beantworten Sie mal – ohne nachzusehen – folgende Frage: Wie viele Säulen hat das Brandenburger Tor? Übrigens: Es ist auf den deutschen Fünfzigcentstücken zu sehen. Wir haben sie täglich in der Hand.

Ich selbst bin übrigens kein ausgesprochener Skeptiker. Ich glaube an viele unbeweisbare Dinge, sofern sie bei mir funktionieren. Nennen Sie das von mir aus Placeboeffekt – mir ist das recht. «Die Wirksamkeit ist das Maß der Wahrheit.» Sie wissen schon!

Warum aber bleiben Menschen sogenannten Wunderheilern oder Medien an den Lippen kleben? Und warum verteidigen sie ihren Standpunkt umso vehementer, je besser die Argumente der Gegenseite werden? Die Antwort: Vor allem Commitment und Konsistenz sind hier im Spiel.

Sobald wir einmal ernsthaft den Rat einer solchen Person gesucht haben, bleiben wir konsistent, um vor unseren Mitmenschen nicht als Spinner dazustehen. Wir alle versuchen, uns immer wieder vor anderen und auch vor uns selbst zu rechtfertigen. Je härter der Gegenwind, desto stärker unser Drang, unsere Position durchzuboxen. Das ist nicht immer klug, aber überaus menschlich. Und dann nehmen die Dinge ihren Lauf.

Wer schreibt, der bleibt

«Die schwächste Tinte ist besser als das beste Gedächtnis», lautet ein chinesisches Sprichwort. Wie alles hat aber auch diese Erkenntnis einen besonderen Aspekt, den wir uns zunutze machen können. Das heißt: Wenn Sie wirklich etwas erreichen wollen, dann hilft es ungemein, diese Ziele einfach mal zu notieren. Auch Commitments, die wir für uns selbst machen, wirken besser. Das ist ein Grund, warum Vorhaben auf Papier aufgeschrieben mit mehr Energie verfolgt werden als einfach nur dahingeträumte. Ebenso mit Freunden über seine Ziele zu reden, ist eine gute Sache. Wir legen uns dabei verbindlich fest. Wie ich kürzlich in der Zeitung *Die Welt* las, kann das sogar von Menschen mit Prüfungsangst angewendet werden: «Psychologie – Prüfungsangst überwinden. Eine aktuelle Studie» im Fachmagazin *Science* zeigt, dass eine kurze Schreibübung Abhilfe schaffen kann, besonders dann, wenn die Person unter akuter Prüfungsangst leidet. In einem Versuch sollte die Hälfte der Teilnehmer einen kurzen Text über die eigenen Ängste im Hinblick auf die Prüfung verfassen, während die anderen still dasitzen oder über andere, nicht prüfungsbezogene

Ereignisse schreiben sollten. Erstere schnitten beim anschließenden Test besser ab (*Die Welt*, 2011).

Beim Betrachten einer Sternschnuppe wünschen wir uns gern etwas – ein schönes Ritual. Unseren Kindern raten wir allerdings, über den Wunsch mit niemandem zu sprechen – sonst gehe er nicht in Erfüllung. Das macht die Sache zwar geheimnisvoller, aber wenn wir mal ehrlich sind, ist das natürlich ziemlicher Quatsch. Warum sollte ein Wunsch überhaupt in Erfüllung gehen, nur weil ich mit niemandem darüber geredet habe? Das Gegenteil ist der Fall! Also mache ich das bei meinen Kindern anders. Ich lasse mir von ihren Wünschen erzählen – sofern sie sie mir erzählen wollen. Ich sage ihnen übrigens nie, ob ich glaube, dass der Wunsch in Erfüllung gehen werde oder nicht. Wünsche können eine so große Macht haben, dass ich diese Kraft nicht durch meine ungünstigen Kommentare im Keim ersticken will. Das ist Teil der Macht der Autorität, auf die wir an anderer Stelle noch zu sprechen kommen werden. Selbst wenn sich meine große Tochter wünscht, eine Meerjungfrau zu werden, sobald sie im Starnberger See schwimmt, oder sich mein Sohn nach einem Hausdrachen sehnt – einen sehr naheliegenden Scherz spare ich mir an dieser Stelle – und meine Kleinste mit allen Tieren sprechen können will: Wer bin ich, dass ich so schöne Wünsche kleinreden darf? Also schweige ich und freue mich über solch kreative Träume.

Ich habe eine gute Nachricht für Sie

Wie oft haben wir schon die folgenden zwei Sätze gehört: «Ich habe zwei Nachrichten für Sie, eine gute und eine schlechte. Welche wollen Sie zuerst hören?» Das bringt mich zu einer Frage, verehrter Leser und verehrte Leserin: Welche Nachricht sollte man denn zuerst übermitteln? Die Reihenfolge hat nämlich – wie Sie sich denken können – erheblichen Einfluss auf den künftigen Zustand Ihres Gegenübers. Denken Sie kurz an die Commitment- und Konsistenzregel, bevor Sie antworten!

Vielleicht hilft Ihnen folgendes Beispiel auf die Sprünge: Robert B. Cialdini beschreibt es in einer Studie, die er 1978 mit John Cacioppo, Rod Basset und John Miller durchgeführt hatte. Es ging darum, dass Professoren versuchten, Studenten dazu zu bringen, um sieben Uhr in der Früh aufzustehen, um an einem Experiment über Denkprozesse teilzunehmen. Hier der Verlauf in Robert B. Cialdinis Worten: «Einen Teil der Studenten, die wir telefonisch kontaktierten, informierten wir sofort über den Zeitpunkt des Experiments. Von diesen sagten nur vierundzwanzig Prozent ihre Teilnahme zu. Bei einem anderen Teil der Stichprobe wendeten wir die Low-Ball-Taktik an: Wir fragten zuerst, ob sie an einer Studie über Denkprozesse teilnehmen wollten, und erst nachdem sie geantwortet hatten (56 Prozent mit Ja), erwähnten wir die Startzeit von sieben Uhr und räumten ihnen die Möglichkeit ein, ihre Zusagen jederzeit zurückzuziehen, was jedoch keiner der Studenten tat. Es geht noch weiter: Zu fünfundneunzig Prozent hielten sie ihre Zusage ein und erschienen, wie versprochen, um sieben Uhr früh im Psychologie-Gebäude der Universität» (Robert B. Cialdini, 1997).

Low-Ball-Taktik bedeutet, dass man jemandem ein Geschäft anbietet oder um etwas bittet und erst nach der Zusage noch einen unangenehmen Aspekt hinzufügt. Durch das Konsistenzprinzip bleibt die betreffende Person trotz der Einschränkung höchstwahrscheinlich bei dem zugesagten Handel. Das ist Manipulation der hohen Schule. Die Konsequenz ist eindeutig: Nennen Sie die gute Nachricht immer, wirklich immer zuerst.

Um sich selbst gegen Angriffe dieser Art zu schützen, gibt es einen guten Trick: Denken Sie einfach mal nach! Wägen Sie alles wirklich gründlich ab, sobald sämtliche Fakten auf dem Tisch liegen: «Nachdem ich jetzt alles über diese Sache weiß, würde ich mich wieder genauso entscheiden, wie ich es ohne dieses Wissen getan hatte?» Nachdem ich also erkannt hatte, dass der vermeintlich arme ostdeutsche Zeitungsverkäufer eben nicht nur eine harmlose Umfrage machte, sondern mir ein Abonnement aufschwatzen wollte, würde ich mich wieder so entscheiden wie vorher? Nein. Ab dem Moment, ab dem die Katze aus dem Sack war, hätte ich durchaus Klartext reden und meine Meinung revidieren müssen: «Sie haben sich meine Zeit unter falschen Vorzeichen erschlichen. Sie machen keine Umfrage, sondern Sie verkaufen Illustrierte. Ihr Gespräch beginnen Sie mit einer Lüge. Mit Menschen wie Ihnen möchte ich keine Geschäfte machen. Auf Wiedersehen.» Mit achtzehn Jahren hätte ich mich das wahrscheinlich nicht getraut. Das ist heute anders. Und das Paradoxe daran: In dem Moment, in dem man einem Manipulator so entschlossen gegenübertritt, hat man seinen Respekt. In dem Augenblick, in dem man auf seine Masche reinfällt und macht, was er von uns will, hat man sämtlichen Respekt verloren.

Soziale Bewährtheit oder ewig grüßt das Murmeltier

Brian: «Ihr seid alle Individuen.» – Masse: «Ja, wir sind alle Individuen!» – Brian: «Und ihr seid alle völlig verschieden!» – Masse: «Ja, wir sind alle völlig verschieden!» – Einer: «Ich nicht!» Dieser Dialog stammt aus dem Film «Das Leben des Brian». Seine Aussage zielt darauf ab, dass wir uns bei einer Entscheidung häufig daran orientieren, was andere erwarten und für richtig halten. Frei nach dem Motto: So viele Menschen können sich ja nicht irren. Wenn alle etwas machen, dann muss da wohl was dran sein.

Ich konnte eines Abends bei einem meiner Lieblings-Homeshopping-Sender, bei «HSE 24», dieses Prinzip in der Praxis bewundern. Hier kann man alles Mögliche bestellen und sich nach Hause schicken lassen. Gerade wurde ein bahnbrechendes, absolut neuartiges Fitnessgerät angepriesen. Unter anderen kamen ständig Menschen zu Wort, die mit diesem Teil in kürzester Zeit etliche Kilos abgenommen hatten. Des Weiteren wurde immer wieder betont, wie viele Menschen – ich glaube, es waren Zehntausende – mit dieser Wundermaschine von der hässlichen Schwester von Mickey Rourke zur schönen Zwillingsschwester von Heidi Klum mutierten. All das natürlich innerhalb von ein paar Wochen und ganz ohne Anstrengung. Die Werbung nutzte also vorrangig die Annahme aus, dass wir denken, etwas wäre wahr, wenn es viele andere auch erlebt haben und bestätigen könnten.

Weil sie sich sozial bewährt haben, sind übrigens auch die sogenannten urbanen Legenden nicht kleinzukriegen.

Unglaubliche Storys, skurrile Geistergeschichten und kaum nachvollziehbare Verschwörungstheorien werden ständig weitererzählt. Für mich ist das erstaunlichste Phänomen daran, dass diese bei jedem weiteren Erzählen immer wilder werden. Zudem werden sie von immer mehr Menschen für bare Münze gehalten, je länger sie hartnäckig kursieren. So ist das eben: Gerüchten, die häufig wiederholt werden, wird mehr Glauben geschenkt als wahren Geschichten, die nicht so oft Erwähnung finden. Wiederholung geht über Wahrheit. Können so viele wirklich nicht irren? Doch, können sie.

Bis vor kurzem glaubte ich selbst beispielsweise, dass die Inuit bis zu fünfzig Wörter für Schnee hätten. Dann haben mich die Redakteure von «Bayern 2» aufgeklärt. Die Inuit haben auch nicht mehr Wörter für Schnee als die Deutschen. Einem Artikel der *Süddeutschen Zeitung* zufolge verfügen sie sage und schreibe über zwei Wörter für Schnee.

Diese urbane Legende zeigt, wie sehr man in die Irre geleitet werden kann, wenn viele etwas erzählen. Man kann ja auch nicht alles überprüfen und vertraut zu oft darauf, dass die Informationen stimmen. Vor allem wenn sogar Anthropologen, Sprachwissenschaftler und Wissenschaftler davon sprechen und solche Anmerkungen auch in durchaus namhaften Zeitungen und sogar Schulbüchern publiziert werden. Trotzdem stimmt vieles einfach nicht! Nachweislich! Obwohl es so logisch scheint.

Meistens wurde so argumentiert, dass Inuit deshalb so viele Wörter für Schnee hätten, weil es ihnen, in ihrer Umgebung, nütze zu differenzieren. Das hört sich vernünftig an, ist aber Unsinn. Im Umkehrschluss könnte man meinen, dass die Deutschen fünfzig Wörter für Haus hätten.

Schließlich prägen Häuser unser Landschaftsbild in ähnlichem Maß wie der Schnee die Umgebung der Inuit. Trotzdem haben wir keine fünfzig Wörter dafür. Wir benutzen nämlich Zusammensetzungen, um unsere Unterscheidungen zu treffen. Wir sprechen also vom Hochhaus, Doppelhaus, Bauernhaus, Mehrfamilienhaus, Holzhaus usw. Man nennt die auch zusammengesetzte Substantive oder Komposita – so, das musste ich jetzt einfach schreiben. Doch zurück zum Thema: Sie sehen, nur weil viele Menschen etwas glauben, ist das objektiv gesehen noch lange nicht wahr. Trotzdem sind wir dann sehr geneigt, das für richtig zu halten.

Ich selbst bin kürzlich noch in genau diese Falle getappt. Ein Kunde buchte mich für eine Jahrestagung in Kassel. Mein Vortrag war für sechzehn Uhr angesetzt. Trotzdem sollte ich bereits am Vorabend anreisen. Das erstaunte mich, denn mein Vortrag erfordert weder einen hohen technischen Aufwand noch viel Vorbereitung. Trotzdem bestand der Kunde darauf. Ich sagte ihm, das sei meines Erachtens wirklich nicht notwendig. «Wir machen viele Veranstaltungen, und das machen bei uns alle Künstler so!», war seine deutliche Aussage.

Diese Worte waren seine Zauberformel: soziale Bewährtheit. Ich reiste einen Tag vorher aus München nach Kassel, war in einem schäbigen Hotel untergebracht, aber fügte mich meinem Schicksal. Auf meine Frage nach der Möglichkeit, etwas zu Abend zu essen, antwortete die Dame am Empfang: «Falls Sie noch was speisen wollen, dann können Sie fünf Minuten in diese Richtung laufen, dann kommt eine Tanke. Dort bekommen Sie vielleicht noch ein paar Wiener.» Ja, man kann auch mich noch in fassungsloses

Staunen versetzen. Am nächsten Morgen, nach einer kurzen Nacht, begrüßte mich die verantwortliche Vertreterin der Agentur mit den Worten: «Ach, Herr Havener, Sie sind schon da. Dabei ist Ihr Auftritt doch erst in sieben Stunden.» In dem Moment fiel ich in eine tiefe Trance. Sie sehen, auch ich als alter Fuchs falle manchmal noch auf solche Sachen herein.

Ich gebe Ihnen noch ein weiteres Beispiel: Wenn ich auf Tour bin, fahren mein Team und ich natürlich viel Auto. So bleibt es nicht aus, dass wir auch mal auf Autobahnraststätten eine Toilette aufsuchen. Hier sitzt meistens eine Frau an einem Tischchen mit einem kleinen Teller, auf dem Geldstücke liegen. Auf diesen Tellern liegen aber nie Zehn- oder Zwanzigcentstücke, nein, es geht immer erst bei fünfzig Cent los. Hier wird also – ohne es auszusprechen –, darauf hingewiesen, dass einem der Besuch dieser Einrichtung doch wenigstens fünfzig Cent wert sein sollte.

Der Redner und Trainer Cavett Robert sagte einmal: «Da fünfundneunzig Prozent der Leute Nachmacher sind und nur fünf Prozent Vormacher, lassen sich die Leute mehr durch Handlungen überzeugen als durch jedes andere Argument.» Sobald Michelle Obama bei H&M ein Kleid kauft und dabei fotografiert wird, wird es zum Verkaufsschlager (*Die Bunte*, 2011). Die Mädchen rennen denen die Bude ein, und das Kleid muss ständig in hohen Stückzahlen wieder produziert werden. Bevor wir jetzt aber auf die ach so doofen Amerikaner schimpfen: Nach der Verlobung von Prinz William mit Kate Middleton löste man so in England dasselbe Phänomen aus. Die Kleidungs- und Schmuckindustrie in Großbritannien durfte sich sehr freuen. Alle wollten den blauen Saphir und das dazu passende Kleid. Also: doofe

Amerikaner und doofe Engländer? Nein, das funktioniert überall auf der Welt gleichermaßen.

Auch hier greift wieder der Grundsatz: «Die Energie folgt der Aufmerksamkeit», man kann ihn erfolgversprechend nutzen, um anderen etwas anzudrehen oder ihnen Geld aus der Tasche zu locken.

Der Kniff kann darüber hinaus aber auch verwendet werden, um anderen Menschen zu helfen. Robert B. Cialdini beschreibt eine Strategie, mit der Kinder, die lange Zeit unter Ängsten litten, genau diese Ängste drastisch reduzieren konnten. Für einen Test wurden Kinder im Vorschulalter ausgewählt, die unverhältnismäßig viel Angst vor Hunden hatten. Diese Kinder wurden einfach nur gebeten, zwanzig Minuten lang einem gleichaltrigen Jungen beim Spielen mit einem Hund zuzuschauen. Nach nur vier Tagen erklärten sich siebenundsechzig Prozent der Betroffenen bereit, zu dem Hund zu gehen und ihn zu streicheln. Die Angst vor den Tieren kam auch nicht mehr zurück.

In einer zweiten Studie zeigten die Forscher Kindern einen Film, in dem mehrere Altersgenossen mit einem Hund spielten. Hierdurch konnte das Ergebnis sogar gesteigert werden: Je mehr Personen also augenfällige Beweise für etwas liefern, desto stärker greift das Prinzip bei uns, so die logische Folgerung.

Der Psychologe Robert O'Connor führte 1972 eine ähnliche Studie durch. In diesem Fall ging es um überängstliche Kinder im Vorschulalter. Um solche, die immer am Rand des Schulhofs stehen, wenn alle anderen miteinander spielen. Solche, die in meiner Generation im Kindergarten immer Cord- oder Latzhosen anhatten. Leider hat diese Angst – anders als die Verbreitung von Cord- und Latzhosen – bis heute kaum abgenommen. Für die Schüchternen drehte O'Connor einen Film, der in einem Kindergarten spielt. Darin geht es immer wieder darum, dass Außenseiter sich am Schluss einer Szene zu einer Gruppe mit den spielenden Kindern gesellen und beim Spielen unvermittelt mitmachen. Diese Sequenzen zeigte er den ängstlichen Kindern. Die Wirkung war gewaltig: Nachdem die entsprechenden Kinder den Film gesehen hatten, spielten sie plötzlich auch mit den Kameraden und integrierten sich.

Noch verblüffender ist die Langzeitwirkung des Films: Die Außenseiter, die ihn nicht gesehen hatten, waren nach sechs Wochen noch genauso isoliert wie vorher, wogegen die Kinder, die ihn kannten, sich teilweise sogar zu den aktivsten Gruppenmitgliedern entwickeln konnten. Der Film dauerte nur dreiundzwanzig Minuten, und die Kinder hatten ihn nur ein einziges Mal gesehen – trotzdem war seine Wirkung derart überzeugend, weil nachhaltig.

In diesem Zusammenhang ist es wichtig zu erwähnen, dass derselbe Film bei Kindern nicht gewirkt hätte, wenn darin Erwachsene gezeigt worden wären, die sich einer Gruppe angeschlossen oder mit Hunden gespielt hätten. Das Prinzip ist am verführerischsten, wenn die Protagonisten uns selbst ähnlich sind. Je ähnlicher die Gruppe uns ist, desto stärker ist der Einfluss auf uns. Dieses Prinzip hat also eine enorme Wirkung.

Sämtliche Vereine, die von Menschen gegründet wurden, die dieselbe Automarke fahren oder dasselbe Instrument spielen, funktionieren nach dem Prinzip der Ähnlichkeit. Das Interesse an ein und derselben Sache macht uns zunächst für die anderen sympathisch. Klar, es kann sich später rausstellen, dass in unserem Club viele Mitglieder sind, die uns überhaupt nicht liegen, aber wir werden auch dort in jedem Fall diejenigen ansprechen, mit denen wir eine Gemeinsamkeit spüren. Sonst könnten wir niemals ins Gespräch und zueinanderkommen. Alle möglichen Gruppierungen – so wie in den achtziger Jahren die Punker oder die Gegenbewegung dazu, die Popper – haben so zusammengefunden.

Ich hatte als Schüler einmal Streit mit einem Mitschüler, den ich davor nur als Idioten kennengelernt hatte. Als ich allerdings erfuhr, dass er so ziemlich genau denselben Musikgeschmack hatte wie ich, hatte ich plötzlich große Schwierigkeiten, ihn immer noch doof zu finden. Ich kam irgendwie bald mit ihm ins Gespräch, er zog mich auf einmal magisch an. Daraufhin änderte ich meine Meinung über ihn ein bisschen, allerdings nicht wirklich grundlegend und nachhaltig – er war halt wirklich ein Idiot ... Und dennoch: Ohne denselben Musikgeschmack wären wir nicht zum Fachsimpeln gekommen.

Auch andere Sachen – wie derselbe Geburtstag oder Geburtsort – steigern die Sympathiewerte. Stellen Sie sich vor, Sie träfen einen Fremden und es stellte sich heraus, dass er am selben Tag geboren ist wie Sie. Die Wahrscheinlichkeit, dass Sie exakt diesem Menschen einen Gefallen tun, ist bereits nach dieser Nachricht höher, als sie zuvor gewesen ist. Das Ganze funktioniert nur über die Gemeinsamkeit. Und das ist nur das eine. Sobald Sie herausfinden, dass Sie mit Ihrem neuen Bekannten noch einen gemeinsamen Freund haben, steigern Sie die Sympathiewerte erneut.

Wie sehr Sympathie durch äußere Faktoren gesteuert wird, wurde mir ein weiteres Mal beim Besuch eines mittelalterlichen Ritterturniers klar. Das fand in einer großen

Arena statt. Die Zuschauer wurden in mehrere Gruppen aufgeteilt. Jede Gruppe bekam ihren Ritter. Obwohl die Zuweisung völlig willkürlich stattfand, entstand sofort eine Gemeinsamkeit mit den um mich herum Sitzenden. Ob Sie es glauben oder nicht, innerhalb von Sekunden waren wir uns einig – ohne ein Wort miteinander zu wechseln – und haben nur noch für unseren Ritter gejubelt und die anderen Mitstreiter ausgebuht. Mich machte diese Erfahrung ziemlich nachdenklich. In so kurzer Zeit war es möglich gewesen, so viele Menschen mit einem Satz zu beeinflussen und alle folgten der Identifikationsfigur wie von Geisterhand geführt.

Wie Sie selbst Verständnis bekommen und sympathisch wirken, steht im Kapitel über Rapport. Ich habe ja bereits beschrieben, warum unfreundliche Menschen, selbst wenn sie im Recht sein sollten und nur gute Argumente haben, stets schlechter dastehen als freundliche. Selbst wenn die nur schwache Argumente vorzuweisen haben und eigentlich im Unrecht sind.

Treffen die Mitglieder zweier Parteien in einer Talkshow zusammen, gilt zunächst einmal das Kontrastprinzip (vgl. Seite 119). Aber sofort kommt ein weiterer Aspekt ins Spiel: Denn ein Attribut eines Menschen lässt uns auf mehrere andere schließen. Deshalb stehen wir meistens ziemlich schlecht da, wenn wir schlechte Nachrichten überbringen. Die negative Information infiziert uns in diesem Fall. Eine alte Weisheit. Aus diesem Grund haben Scharlatane immer ein leichtes Spiel. Denn sie versprechen nur Gutes: «Ich kann mit einem toten Menschen reden, der dir nahesteht, ich habe die Lösung für dein Problem, ich mach dich reich, ich mach dich glücklich, ich mach dich schlank usw.» Jeder von uns hat seine Schwachstellen. Und sobald diese mit einem solchen Satz angesprochen werden, ist es sehr verführerisch, diesem Heilsbringer blind zu folgen.

Auch die Werbung nutzt dauernd das Prinzip der Assoziation: Schöne Menschen fahren schöne Autos, schöne Menschen haben recht: Heidi Klum isst so bei McDonald's und Verona Pooth hilft die 11880. Können Sie sich somit vorstellen, dass Männer ein Auto als schneller einschätzen, sobald auf dem Werbeplakat neben dem Auto eine attraktive Frau abgebildet ist? Das ist wirklich so. In diesem Moment schalten sie ihr Gehirn aus und lassen nur noch ihre Emotionen sprechen.

Das Ganze funktioniert natürlich auch in die andere Richtung: Eine Sache wird nicht nur als attraktiver bewertet, wenn sie mit einem schönen Menschen oder einem Sympathieträger in Verbindung gebracht wird. Sie können beispielsweise auch sympathischer rüberkommen, wenn Sie jemandem ein schönes Erlebnis schenken. Das muss nicht unbedingt etwas wahnsinnig Originelles sein. Eine Einladung zum Abendessen reicht schon. Und schon haftet Ihnen das Gute an. Alle, die einmal bis über beide Ohren verliebt waren, wissen das. Das erste Treffen, bei dem man sich wirklich näherkommt, findet meist in einem schönen Restaurant statt, wo man köstlich isst. Das ist der ideale Ort. So etwas funktioniert auch beim Spendensammeln oder dem Einfordern von anderen Gefälligkeiten. Aus genau diesem Grund werden Spenden auf Galas immer erst nach dem Menü eingesammelt. Warum? Auf der einen Seite greift hier das Reziprozitätsprinzip, auf der anderen die Strategie der Assoziation. Eine ganzheitliche Taktik, die sogar einen passenden Namen hat: Imbisstechnik.

Sich den Sympathiebekundungen eines Menschen zu entziehen ist oft sehr schwierig. Wir alle möchten gemocht werden. An sich gibt es in solchen Augenblicken nur eine Möglichkeit: einen Schritt zurückzutreten und sich selbst zu fragen: «Warum ist mir dieser Mensch so außergewöhnlich sympathisch? Hat er mir Komplimente gemacht, habe ich mit ihm eine Gemeinsamkeit, hat er mir etwas zu essen gegeben?» Sollte das der Fall sein, dann machen Sie sich bewusst, dass sein Produkt oder seine Forderung nichts mit seiner Sympathiebekundung zu tun hat. Lösen Sie sich davon, auch wenn's schwerfällt. Konzentrieren Sie sich in dem Moment ganz auf die Sache und nicht auf die Person selbst.

Autorität

Können Sie sich noch daran erinnern, wie mich mein Hypnoselehrer einem Testpublikum vorstellte? Er sagte: «Sehen Sie jetzt einen der bekanntesten und besten Hypnotiseure, die ich kenne.» Das war eine glatte Lüge, der besagte Auftritt war für mich der erste dieser Art, hypnotisieren hatte ich vorher noch niemals ausprobiert. Mein Lehrer hatte damals nur einfach das Prinzip der Autorität genutzt. Wenn jemand etwas gut kann oder einen hohen Status hat, dann glauben wir diesen Signalen und folgen automatisch seinen Anweisungen. Allein die Tatsache, dass mich mein damaliger Lehrer dem Publikum so vorstellte, reichte dazu aus. Die Testpersonen ließen sich spielend leicht hypnotisieren, weil Sie dachten, dass ich ein Meister sei, und diese Tatsache sofort akzeptierten.

Nach dem Prinzip der Assoziation reichen ein paar gute Statussymbole, um jemandem Autorität zu verleihen. Sobald ein Mann Maßanzüge trägt, teure Sportwagen fährt und einen Doktortitel führt, wirken solche Äußerlichkeiten – die nebenbei kaum etwas über seinen wirklichen Charakter verraten – nachhaltig auf uns. Das hat mit Oberflächlichkeit nichts zu tun. Wir fallen ausnahmslos alle darauf rein und erkennen Autoritäten sogar im vorauseilenden Gehorsam an, sobald wir nur die geringsten Anzeichen wahrnehmen. Wenn Sie glauben, dass Sie quasi nie auf Äußerlichkeiten reinfallen, dann sollten Sie jetzt ganz besonders vorsichtig sein. Es ist nämlich so, dass fast alle Leute den Einfluss von Autorität auf ihr eigenes Verhalten unterschätzen. Willkommen im Klub.

Robert B. Cialdini führt diesbezüglich eine sehr bekannte Studie an, bei der ein weißer Kittel und ein Professorentitel Menschen dazu brachten, hilflosen Personen sehr schmerzhafte und gefährliche Stromstöße zu verabreichen. Der Versuch wurde 1974 in Yale durchgeführt und ging unter dem Namen «Milgram-Experiment» in die Geschichte ein.

Milgram-Experiment

Der Versuch lief folgendermaßen ab: Per Zeitungsannonce wurden Mitwirkende für ein Gedächtnisexperiment gesucht. Im Labor angekommen, trafen die Teilnehmer auf einen Professor – mit Titel, Kittel und Klemmbrett in der Hand – und einen weiteren Mitwirkenden. Nach der Begrüßung wird ihnen der vorzunehmende Test folgendermaßen erläutert: «Es geht um die Wirkung von Strafe auf den Lernprozess.» Die zweite Testperson – ein Schauspieler, was natürlich geheim ist – bekommt hierzu eine Liste mit Begriffspaaren mit der

Aufgabe, sie auswendig zu lernen. Sie nimmt also die Rolle des Schülers ein. Die erste Testperson bekommt die Aufgabe, das Wissen später abzufragen, und hat damit die Rolle des Lehrers inne. Nachdem er die Liste also auswendig gelernt hat, wird der Schüler auf einen Stuhl gesetzt und dort festgeschnallt. Er hat keine Möglichkeit mehr aufzustehen. Außerdem werden an seinem Arm Elektroden fixiert. Jetzt gehen Lehrer und Professor in den Nebenraum.

Nun wird der Schüler abgefragt. Für jede falsche Antwort bekommt er vom Lehrer einen Elektroschock. Das Pikante an der Sache: Nach jeder falschen Antwort wird die Voltzahl erhöht. Nach einigen falschen Antworten werden die Stromstöße unerträglich schmerzhaft. Der Schüler fleht den Professor an, das Experiment zu beenden. Der besteht aber auf Fortsetzung. Nach weiteren falschen Antworten und Stromstößen krümmt sich der Schüler vor Schmerzen im Stuhl und schreit laut auf. Wimmernd bittet er darum, das Experiment abzubrechen. Auf Befehl des Professors folgen gnadenlos weitere Stromstöße – mit bis zu dreihundert Volt. Selbst als der Schüler nicht mehr antwortet, befiehlt der Professor, die ausbleibende Antwort als Fehler zu werten und mit den Elektroschocks weiterzumachen. Bis zum bitteren Ende …

Diese grausame Studie wurde genau so durchgeführt. In Wirklichkeit ging es auch nicht darum, das Lernverhalten zu überprüfen. Es ging darum, die Macht von Autoritäten zu untersuchen. Was tun Menschen einer unschuldigen Person an, wie weit gehen sie, wenn sie im Auftrag einer Autorität handeln? Das Ergebnis war extrem beunruhi-

gend: Denn der Schüler hatte in Wirklichkeit keine Elektroschocks bekommen. Es war nur ein Schauspieler gewesen,
der das vorspielte. Eigentlich wurde ja auch der Lehrer ge-
testet – die Person, die die Elektroschocks auf Anordnung
des Professors verabreichte.

Das Ergebnis: Zwei Drittel der Testpersonen erfüllten
ihren Auftrag – gnadenlos, bis zum bitteren Ende. Nur ein
Drittel zeigte Mitgefühl und weigerte sich ab einem bestimmten Zeitpunkt, dem vermeintlichen Schüler weitere
Stromstöße zu verabreichen. Die Studie wurde zudem mit
Durchschnittsbürgern durchgeführt, die niemals in ihrem
Leben vorher durch irgendetwas Gewalttätiges aufgefallen
waren. «Das wichtigste Ergebnis der Untersuchung besteht
darin zu erkennen, wie groß die Bereitschaft von Erwachsenen ist, fast alles zu tun, was eine Autorität von ihnen ver-
langt» (Milgram, 1974).

Ursprünglich hatte Milgram untersuchen wollen, wie es
möglich war, dass in Deutschland so viele Menschen den
grauenhaften Befehlen der Nationalsozialisten gehorcht
hatten. Er wollte ihren Grad des Gehorsams überprüfen und
nachvollziehbar machen. Nachdem er allerdings die Studie
zunächst in Yale durchgeführt hatte, kam er zu der Ansicht,
sich den Flug nach Deutschland sparen zu können. In Ame-
rika gehorchten die Teilnehmer so bedingungslos, dass Milgram es für überflüssig hielt, seine Erkenntnisse nochmals
in Deutschland zu untermauern.

Kurz gesagt: Alles, was von einer Autorität gefordert
wird, wird von uns ernst genommen, und dem folgen wir.
Das liegt daran, dass wir von Kindesbeinen an schon dazu
angehalten wurden zu gehorchen: Hör auf deine Mama,
deinen Papa, deine Oma, deinen Opa, deinen Lehrer ... Auf

diese Weise läuft in unserem Kopf sofort eine Konditionierung ab, sobald wir einer vermeintlichen Autorität gegenüberstehen. Dieser Mechanismus ist natürlich für das Funktionieren einer Gesellschaft wichtig. Bis zu einem gewissen Punkt. In Notfällen etwa kann es sehr sinnvoll sein, den Verantwortlichen zu folgen.

Grausam wird es ab dem Moment, in dem die Autorität Schlechtes im Schilde führt: Kirchenmänner oder Lehrer nutzen ihre Autorität aus, missbrauchen Kinder und versuchen dann auch noch, ihre Taten zu vertuschen. Minister schmücken sich mit falschen Doktortiteln, und Hochstapler ziehen sich einen weißen Kittel an und operieren ohne Approbation am offenen Herzen. Die Macht der Autoritäten, auch der schlechten, ist omnipräsent. Und so kommt es zu den bizarrsten Situationen.

Untersuchungen in Krankenhäusern zum Beispiel haben gezeigt, dass das Pflegepersonal den Anweisungen des Oberarztes auch dann Folge leistet, wenn es weiß, dass die Anordnung falsch ist. So wurden sogar schon unverantwortliche Dosen von Medikamenten verabreicht und, in einem sehr skurrilen Fall, Augentropfen einem Patienten in sein Hinterteil getropft, nur weil der Chefarzt es angeblich so wollte. Dieser Fall ging unter dem Namen «Rektale Ohrenschmerzen» in die Medizingeschichte ein.

Goethe gefährdet Ihre Gesundheit

Das geht und ist eine korrekte Aussage, wie Johann Wolfgang von Goethe selbst schon 1774 beweisen konnte: In seinem Buch «Quirkology» beschreibt der Autor Richard Wiseman die Wirkung des Romans «Die Leiden des jungen Werthers» auf die Gesellschaft zur Zeit des großen Dichters.

Es geht in dem Schüsselwerk der Sturm-und-Drang-Periode um einen jungen Mann, der sich in eine Frau verliebt, die allerdings bereits einem anderen versprochen wurde. Werther liebt sie aber so sehr, dass er sich das Leben nimmt, denn er weiß: Ihre Liebe wird nie eine Chance haben. Das Buch wurde nach dem Erscheinen zu einem riesigen Erfolg. Es ist so mitreißend geschrieben, dass sich nach der Lektüre reihenweise unglücklich verliebte Jünglinge das Leben nahmen. Schließlich begingen so viele junge Menschen im Überschwang der Gefühle Selbstmord, dass das Werk verboten wurde.

In der Wissenschaft wird das Phänomen seither kontrovers diskutiert. Einige sprechen von einer regelrechten Epidemie, während andere meinen, dass alles halb so wild gewesen sei. Belegt ist eine zweistellige Anzahl von Selbstmorden, die mit dem Buch direkt in Verbindung zu bringen waren. Teilweise hatten sich die Selbstmörder genau wie Werther im Buch gekleidet: blauer Frack, gelbe Weste, gelbe Kniehosen, Stiefel und grauer Hut. Genau dieselbe Bekleidung trägt der Goethe-Darsteller übrigens auch die meiste Zeit in «Goethe!». Dieser Film ist für mich wieder einmal ein guter Beweis dafür, dass die deutschen Regisseure sehr gute Filme machen können. Aber zurück zum Thema: Manche Selbstmörder hatten noch das Buch in der Hand.

Der Begriff «Werther-Effekt» war 1974 von dem amerikanischen Soziologen David Phillipps eingeführt worden. Er hatte die Berichterstattung über Selbstmorde bekannter Persönlichkeiten und deren Auswirkung auf die Suizidrate auf die Bevölkerung untersucht. In sämtlichen von ihm herangezogenen Fällen konnte er einen Anstieg feststellen.

In den achtziger Jahren lief im deutschen Fernsehen der Mehrteiler «Tod eines Schülers». In sechs Folgen wurde hier aus verschiedenen Blickwinkeln die Vorgeschichte des Suizids eines Schülers erzählt. Die Selbstmordrate unter Fünfzehn- bis Neunzehnjährigen nahm nach der Ausstrahlung um hundertfünfundsiebzig Prozent zu. Nach der Wiederholung stieg die Suizidrate erneut um hundertfünfzehn Prozent an. Unfassbar! Sogar in den USA stieg nach entsprechenden Medienberichten innerhalb von zwei Wochen die Zahl der Selbstmorde um dreißig Prozent an. Besonders, sobald von Prominenten und Sympathieträgern und deren Schicksal berichtet wurde, bemerkte man den deutlichen Einfluss. Zum Beispiel stieg in den USA die Selbstmordrate auch nach dem Tod von Marilyn Monroe um zwölf Prozent.

Aus diesem Grund bittet sogar der Deutsche Presserat in seinen Statuten um Zurückhaltung, wenn es um die Berichterstattung über Selbstmorde geht. Je mehr Details an die Öffentlichkeit getragen werden, desto mehr Nachahmer gibt es. Das weiß man mittlerweile. Deshalb werden in den Zeitungen in der Regel nie Namen, Orte und Begleitumstände genannt. Das ist die dunkle Seite der sozialen Bewährtheit. Ähnlichkeit ist also ein Faktor, der hier eine große Rolle spielt. Die zweite Größe ist – wie wir gleich sehen werden – Unsicherheit.

Ein Absatz, der Leben retten kann

Das ist laut Robert B. Cialdini die vielleicht wichtigste Erkenntnis, die aus seinen Forschungen abzuleiten ist: Das Prinzip der sozialen Bewährtheit zielt auf die Tatsache ab, dass sich Menschen immer an dem orientieren, was ihr Umfeld tut. Genau das ist auch der Grund, warum es möglich ist, dass Menschen auf offener Straße oder in S-Bahnen zu Tode geprügelt werden oder plötzlich einen Herzinfarkt bekommen, ohne dass sich jemand darum kümmert. Das Paradoxe an dieser Situation: Je mehr Leute Zeuge eines solchen Ereignisses sind, desto geringer ist sogar die Wahrscheinlichkeit, dass jemand eingreift. Alle schauen nur auf die Reaktion der Mitbeobachter. Wenn niemand couragiert ist und beherzt die Initiative ergreift, passiert somit überhaupt nichts. Das liegt aber nicht am mangelnden Mitgefühl oder ist gar Bosheit – nein, der Grund ist allein in der Unsicherheit der meisten Menschen zu sehen, die sich mit so einer Situation überfordert fühlen. Sobald ein Einzelner aktiv wird, ist das Eis gebrochen, dann fällt der erste Dominostein. Plötzlich helfen viele andere auch mit.

Ich wünsche keinem meiner Leser, je in eine derart bedrohliche Situation zu kommen, falls Sie aber wirklich mal auf einer belebten Straße in Schwierigkeiten geraten, kann Ihnen genau die Erkenntnis – dass die unterlassene Hilfeleistung auf purer Unsicherheit beruht – aus möglichen Schwierigkeiten heraushelfen. Der Trick besteht darin, erst gar keine Unsicherheiten aufkommen zu lassen. Angenommen, Sie bemerken in der S-Bahn, dass Ihnen ganz komisch wird, dann sprechen Sie aus der Menge der Mitfahrenden eine Person gezielt an. In aller Regel wird die sich sofort verantwortlich fühlen und aktiv werden. Sie weiß nämlich, dass sie gemeint ist. Das muss in jedem Fall klar sein. Sagen Sie also am besten: «Sie in der roten Jacke mit den blonden Haaren, ich brauche Ihre Hilfe, weil ich das Gefühl habe, gleich zusammenzubrechen. Bitte rufen Sie einen Krankenwagen.» Mit dieser Vorgehensweise können Sie alle eventuellen Unsicherheiten aus dem Weg räumen. Allerdings nur, wenn auch eine Person mit roter Jacke und blonden Haaren anwesend ist. Diesen Satz sollten Sie also nicht auswendig lernen. Beschreiben Sie bitte die Person, die Ihnen von allen Anwesenden am geeignetsten erscheint, Ihnen zu helfen! Die betreffende Person merkt, dass sie gemeint ist, sie hat von Ihnen einen klaren Auftrag bekommen. Auf diese Weise erhöhen Sie Ihre Chancen drastisch, dass Ihnen jemand zur Seite steht.

Echt sympathisch!

Vor einigen Monaten war ich zu Gast bei «Menschen bei Maischberger». Das Thema der Sendung: «Übersinnliche Kräfte: Mysterium oder Mumpitz?» Stellen Sie sich hierzu folgendes Szenario vor: Auf der einen Seite die Front der absoluten Gegner von allem, was auch nur im entferntesten mit esoterischem Gedankengut zu tun hat, auf der anderen Seite standen Medien, Esoteriker und Mediziner, die auf alternative Heilmethoden schwören. Irgendwo in der Mitte saß ich. Die Sendung war für mich ein echtes Kabinettstückchen für Polemik und sinnlose Debattiererei. Hier prallten Aussagen wie «Ich kann mit jedem Verstorbenen kommunizieren» – geäußert vom Medium Kim Anne Jannes – auf Gegenargumente wie: «Es gibt in der Esoterikszene zwei Sorten von Anbietern: Die einen sind wirklich davon überzeugt, sie wären im Besitz übernatürlicher Fähigkeiten. Die anderen wissen genau, dass sie nichts können, machen aber ein echtes Geschäft mit den Sorgen anderer.» Bei den einen handele es sich um Fälle für die Psychiatrie, bei den anderen um solche für den Staatsanwalt, so Dr. Colin Goldner. Heftiger können zwei Welten nicht aufeinanderprallen. Was beide Lager allerdings gemeinsam haben, ist ihre absolute Sicht auf die Wahrheit.

Die eine Fraktion behauptet, sie könne auf ihrem Gebiet grundsätzlich alles möglich machen, die andere hält dagegen, dass alle, die sich mit diesem Gebiet auseinandersetzen, Spinner oder Kriminelle seien. Unter dem Gesichtspunkt der Polaritätsregel betrachtet, geben sie ein interessantes Bild ab: Beide Lager sind sich ähnlicher, als man auf den ersten Blick denken mag. Ganz objektiv betrachtet, wird hier ein absurdes Argument mit einem genauso absurden Gegenargument widerlegt. Die Katze beißt sich in den Schwanz, und es bewegt sich nichts, und man kommt keinen Millimeter weiter. Beide Seiten sind voreingenommen und haben einen verengten Blick auf die Argumente des Gegenübers. Genau das widerspricht aber dem wissenschaftlichen Anspruch, den zumindest die Esoterikgegner für sich reklamieren. Echte Wissenschaft kann nur aus einer unvoreingenommenen Geisteshaltung kommen, niemals aus Verbohrtheit. Meiner Meinung nach kann die Wahrheit nur irgendwo dazwischen liegen und nicht an einem der beiden Pole.

Das Prinzip der Polarität besagt, dass jedes Ding zwei Seiten hat. Gegensätze sind so die Pole ein und derselben Sache. In unserem Beispiel sind es Liebe und Hass. Wo Liebe ist, ist schnell auch Feindseligkeit. Die eine Fraktion geht in ihrem Lebensthema bedingungslos auf, die andere verachtet deren Weisheiten umso mehr. Alles endet in massiven Vorwürfen. Sobald wir uns von den Polen aus hin zur Mitte bewegen, wird aus den Extrem-Emotionen irgendwann Zuneigung bzw. Abneigung. Weiter zur Mitte hin sind dann «gerne mögen» oder «nicht so gerne mögen» angesiedelt. Alle diese Bewertungen sind nach dem Prinzip der Polarität verschiedene Grade von ein und demselben Ding. Der Grundsatz «Alles ist eins» gilt.

Ich hoffe, Sie verzeihen mir, dass ich hier jetzt ein wenig aushole, um meine Meinung klarmachen zu können: Das eine Lager ist genau so verbohrt wie das andere. Keiner hat recht und keiner hat unrecht. Alle Fraktionen sind Gefangene ihrer Ideologien und verhalten sich somit genau gleich. Die einen stellen nichts in Frage, die anderen stellen alles in Frage außer sich selbst. Die einen sind verwundbar durch ihre absolute Offenheit, die anderen sind verwundbar durch ihren unumschränkten Wahrheitsanspruch. Mit sachlichem Abwägen hat das nichts mehr zu tun. Und beide Lager sind dadurch genau gleich, dass sie so anders sein wollen – wunderbar paradox. Beachtenswert waren für mich an diesem Auftritt zwei Tatsachen:

- Ich verpasste nach der Aufzeichnung in Köln meinen Flug nach Nürnberg und saß stattdessen aufgrund von Nebel acht Stunden am Düsseldorfer Flughafen fest. Schließlich schaute ich mir eine komplette Staffel «Entourage» auf meinem Laptop an und verpasste schließlich meinen Auftritt in Nürnberg. Eine Premiere in meiner künstlerischen Laufbahn! Ich war zuvor noch nie zu spät gekommen, geschweige denn gar nicht.

- Die Reaktionen der TV-Zuschauer auf die Sendung machten ganz schnell deutlich: Die Kritiker der Esoterikszene kamen schlecht weg. Ihre Meinung wurde als ewig gestrig und besserwisserisch abgewertet. Selbst Menschen aus meinem Bekanntenkreis, die mit Esoterik eigentlich nichts anfangen können, fanden die Vertreter dieser Szene sehr viel freundlicher und folgten ihrer Meinung dadurch eher als den Schimpftiraden der Skeptiker. Die hatten sich nämlich leicht aus der Fassung bringen lassen, die Andersdenkenden heftig beschimpft und deren Argumente manches Mal empört und kopfschüttelnd kommentiert. Es fiel sogar der Satz: «Ein Physiker glaubt nicht, er weiß.» Die Esoterikanhänger reagierten da sehr viel gelassener. Sie waren immer freundlich, gefasst und brachten ihre Argumente ruhig vor.

Stellen Sie sich mal vor, Sie schalten den Fernseher ein. Dort sehen Sie eine Gruppe von Menschen miteinander diskutieren. Die einen beleidigen, schimpfen und gestikulieren wild – die anderen stehen unter Dauerbeschuss und antworten aber stets mit Bedacht. Welches der beiden Lager ist Ihnen sympathischer?

Damit sind wir beim Thema: Sympathie. Meine These: Menschen, die Sie nett finden, werden Sie leichter überzeugen und beeinflussen können als solche, die vielleicht nachvollziehbare, gute Argumente haben, mit denen Sie aber nicht an einem Tisch sitzen wollen. Logisch. Es ist uns allen klar, dass wir lieber mit jemandem zusammen sind, der uns auch angenehm ist. Dessen Meinung greift bei uns automatisch stärker. Wie das möglich ist, darüber sollten Sie mehr wissen, um sich in solchen Situationen größere Klarheit über Ihr eigenes Verhalten zu verschaffen. Wann ist uns jemand sympathisch und wann nicht?

Menschen, die wir gut finden

Ob wir es wollen oder nicht, vieles Unbewusste beeinflusst unser Bild, das wir uns von unserem Gegenüber machen. Vorurteile und Urteile, gut abgewogene und schnell gefällte. Welcher Mensch hat Ihrer Meinung nach die bessere Allgemeinbildung: Sophie oder Chantal? Bitte verstehen Sie mich nicht falsch, ich habe nichts gegen die beiden Namen, aber ich weiß jetzt schon, was Sie sagen werden. Jedenfalls heißt keines meiner Kinder Sophie oder Chantal – vor allem nicht mein Sohn, weshalb mich die Antwort kaltlassen wird.

Mit Namen assoziieren wir etwas und pflegen so unsere Klischees. Ende der sechziger Jahre schon wollten Forscher wissen, wie weit diese Klischees an dieser Stelle gehen. Das Resultat: Personen mit ungewöhnlichen Namen wurden sehr viel häufiger als psychisch auffällig klassifiziert. Außerdem ergab die Studie, dass Schüler mit beliebten Namen in der Schule von den Lehrern besser bewertet wurden als die mit den unbeliebten Namen. Menschen mit unbeliebten Namen werden sozial eher isoliert und leiden öfter unter Minderwertigkeitskomplexen als diejenigen mit gängigem Namen (Hartmann, Nicolay, Hurley, 1968).

Glücklicherweise studierte ich erst mit Mitte zwanzig in den USA, zu einem Zeitpunkt, zu dem ich schon ein bisschen Selbstbewusstsein aufgebaut hatte, denn Thorsten ist im englischsprachigen Raum ein wirklich unpraktischer Name – vor allem wegen des «Th» am Anfang. Übrigens,

Wissenschaftler der University von San Diego fanden heraus, dass die Initialen eines Menschen sogar die Lebenserwartung beeinflussen können. Sie differenzierten zwischen Leuten, deren Initialen eine positive Konnotation hatten – wie «Joy» für Freude oder «Hug» für Umarmung –, und Personen mit Initialen mit negativer Konnotation wie «Pig» für Schwein und «die» für stirb. Sie wissen ja, dass in den USA gern der zweite Name abgekürzt wird, wie bei John F. Kennedy, daher JFK. Außerdem wertete man per Datenbank Sterbeurkunden aus Kalifornien aus. Das verblüffende Resultat: Männer mit «positiven» Initialen lebten durchschnittlich vier Jahre länger, Frauen drei. Wenigstens hatten die Träger «negativer» Initialen der Studie zufolge keinerlei Nachteile. Sie lebten so lange wie der Durchschnitt, aber auch nicht weniger lang. Dafür nahmen sie sich besonders häufig das Leben!

Diese Ergebnisse zeigen, wie sehr wir alle unterschwellig auf etwas reagieren, was uns ständig begleitet. Schließlich: Außer den Wörtern «ja» und «nein» hören wir fast nichts so oft wie unseren Namen. Er hat somit, wie wir gerade gesehen haben, einen erheblichen Einfluss auf unsere Lebenseinstellung und unser Tun. Diese Tatsache können wir nutzen, wir können beispielsweise anderen einen Namen geben, der ihnen hilft. Stellen Sie sich vor, Sie vergeben Ihrem Kind einen Kosenamen, der positiv besetzt ist. Anstatt ein einfallsloses «Schatzelchen» zu wählen, könnten Sie den Namen ja nach seinen Neigungen aussuchen. Mein Sohn steht beispielsweise total auf Indiana Jones. Nicht, dass er alle Filme kennen würde, dafür ist er noch ein wenig klein, aber er fährt total auf das Image dieses Abenteurers ab. Ich kann das gut verstehen. Ich habe meinem Sohn deshalb erzählt, dass

Indiana Jones nicht nur ein herausragender Abenteurer und Schatzsucher sei, sondern auch ein sehr intelligenter Professor. Seitdem nenne ich ihn ab und zu Dr. Jones. Ich finde, das ist nicht nur ein schöner Spitzname, sondern auch ein unterstützender. Er zeigt, dass ich ihm viel zutraue.

Ein anderes Beispiel: Meine Großmutter hatte eine Zwillingsschwester. Sie müssen wissen, dass meine Oma und ich uns sehr nahestanden. Ich wohnte sogar viele Jahre in einer Wohnung unter ihrer, und wir verstanden uns immer ausgezeichnet. Irgendwann beschwerten sie und ihre Schwester sich über das Älterwerden bei mir. Meine damalige Freundin – meine jetzige Frau – und ich nannten die beiden daraufhin nur noch die «Golden Girls». Irgendwann bezeichneten sie sich sogar selbst so. Dieser Name machte ihnen sicher mehr Freude als «alte Schachteln» und ignorierte zwar nicht ihr Alter, aber ergänzte es durch ein kleines Augenzwinkern. Die Variante gab uns und ihnen ein gutes Gefühl und machte unsere enge Beziehung noch enger. Und das alles liegt nur daran, dass wir von einem Wesensmerkmal auf viele weitere schließen, von einem Namen auf Charakterzüge.

Klar, auch das Aussehen eines Menschen beeinflusst seine Wirkung auf die Umwelt. So werden Leute mit einer Körpergröße von weniger als 1,65 Meter als nicht so leistungsfähig eingeschätzt wie größere Menschen. Rein objektiv muss das natürlich logischerweise nicht zwangsläufig stimmen. Das spielt aber auch keine Rolle. Allein die Tatsache, dass sich ein potenzieller Arbeitgeber möglicherweise durch so einen Eindruck unbemerkt beeinflussen lässt, reicht schon.

Von dieser Wirkung wusste wahrscheinlich auch George

Bush senior. Beim Fernsehduell in seinem Präsidentschafts-
wahlkampf im Jahr 1988 schüttelte er seinem Kontrahenten
Michael Dukakis zu Beginn beispielsweise extrem lange die
Hand. Es wird gemunkelt, dass dies eine genau ausgetüftel-
te Strategie seines Wahlkampfteams gewesen sei, um seine
körperliche Überlegenheit zu dokumentieren. Irgendwo in
unseren Köpfen läuft ein Programm ab, das uns bedeutet:
Größere Menschen sind mächtiger, leistungsfähiger, belast-
barer und auch attraktiver als kleinere.

Bei mir sieht es hier auch schlecht aus. Mit 1,72 Metern
bin ich für einen Mann am unteren Rand der Skala der Nor-
malverteilung. Das wird mir jedes Mal bewusst, wenn ich
einen männlichen Zuschauer zu mir auf die Bühne bitte. Die
sind fast immer größer als ich. Na ja, so ist das halt.

Diese Tatsache funktioniert übrigens in beide Richtungen. Wir denken nämlich auch, dass fähige Menschen groß
sein müssten. Das ist natürlich Quatsch, aber sitzt als Vor-
urteil so fest, dass man nicht ohne Weiteres davon Abstand
nehmen kann. Nachdem aber die Welt das ist, wofür wir sie
halten, ist das eine Tatsache, die wir akzeptieren müssen.
Das scheint sich sogar auf unserem Bankkonto niederzu-
schlagen: Eine Studie der Universität München aus dem
Jahr 2004 konnte belegen, dass ein zusätzlicher Zentimeter
Körpergröße im Schnitt 0,6 Prozent mehr beim Bruttomo-
natsgehalt bringt. Falls Sie jetzt wegen Ihrer Körpergröße
ins Grübeln kommen: Nicolas Sarkozy, Dustin Hoffman,
Tom Cruise und Madonna haben es ja auch zu etwas gebracht, obwohl sie alle unter 1,70 Meter groß sind.

Jetzt wird es wirklich erstaunlich: Je nachdem, mit welchen Attributen uns ein Mensch vorgestellt wird, schätzen wir seine Größe anders ein, als sie objektiv gesehen ist!

Wenn jemand uns als Experte und Koryphäe vorgestellt wird, halten wir ihn für größer als einen vermeintlichen Verlierer oder Taugenichts (Wilson, 1968). An einer Universität stellte man verschiedenen Studentengruppen ein und dieselbe Person mit verschiedenen Titeln und Professionen vor. Einmal präsentierte man jemanden als Topwissenschaftler, einmal als Studenten, einmal als Assistenten und einmal als Dozenten.

Je höher der Status der vorgestellten Person war, desto beeindruckender wurde seine Körpergröße empfunden. Der Student wurde auf 1,72 Meter geschätzt – also für weniger groß gehalten, als er in Wirklichkeit war, allein der Professorenstatus ließ den Menschen um zehn Zentimeter auf 1,82 Meter wachsen. Wie gesagt: Es handelte sich immer um ein und dieselbe Person! Malcolm Gladwell beschreibt in seinem Buch «Blink», wie der Präsidentschaftskandidat Warren Harding im Jahr 1921 allein aufgrund seines attraktiven Aussehens von eifrigen Strippenziehern zum Präsidenten gemacht wurde. Historiker sind sich einig, dass Harding zu den schlechtesten Präsidenten gehört, die die USA jemals hatten. Ohne sein Aussehen und seine beeindruckende Körpergröße hätte er dieses Amt nie bekleiden können, wäre dafür gar nicht in Frage gekommen. Die ungerechte Tatsache, dass Archetypen – und nach unserer Auffassung schöne Menschen – mehr Sympathien bekommen, nennt man aus diesem Grund auch Warren-Harding-Effekt. Der Anblick eines attraktiven Menschen beeinflusst unsere Wahrnehmung und unser Denken also maßgeblich. Gladwell drückt es so aus: «Sein Aussehen löst so viele Assoziationen aus, dass der normale Denkprozess zum Stillstand kommt.»

Ich kenne noch weitere Beispiele dafür: In westlichen

Ländern werden glatt rasierte Männer für ehrlicher gehalten als solche mit Bart. Bärte werden mit mangelnder Hygiene, Verschlagenheit und dunklen Machenschaften assoziiert. Das ist objektiv gesehen zwar Unsinn, aber die Wirksamkeit ist wieder das Maß der Wahrheit. Vergleichen Sie mal in diesem Zusammenhang die Bilder von Saddam Hussein oder Osama bin Laden mit denen von Guido Westerwelle oder Angela Merkel. Schon gut, das Beispiel Frau Merkel ist ein kleiner Scherz. Alle Personen auf der *Forbes*-Liste der hundert reichsten Menschen der Welt sind glatt rasiert, und schon lange hatte kein erfolgreicher amerikanischer Präsidentschaftskandidat mehr einen Bart oder Schnurrbart. In Deutschland trug ein sehr bekannter Politiker in den dreißiger Jahren einen Schnauzbart. In diesem Fall konnte das Phänomen leider nicht verhindern, dass er an die Macht kam. Im Gegenteil.

Gutaussehende Männer werden von Gerichten auch mit viel niedrigeren Strafen belegt als weit weniger attraktive (Stewart, 1980). Robert B. Cialdini beschreibt Fälle, bei denen bei denselben Straftaten hässliche Angeklagte doppelt so oft ins Gefängnis kamen wie angenehm aussehende. Bei einer anderen Studie wurde die Höhe der Geldstrafe im Zusammenhang mit der Attraktivität der Angeklagten untersucht. Sie ahnen es bereits: Die Gollums mussten durchschnittlich 10 051 Dollar zahlen, die hübschen Kerle nur 5623 Dollar. Bei derselben Art von Verstößen gegen das Gesetz, wohlgemerkt.

Das ist die dunkle Seite der Beeinflussung. Wir wissen natürlich, dass ein schöner Mensch nicht automatisch schlauer, integrer oder leistungsfähiger ist – trotzdem fallen wir immer wieder auf sein Aussehen herein. Das kann fatale

Folgen haben, daran sollten Sie denken. Die beste Methode, nicht darauf reinzufallen, ist übrigens immer noch die, mental einen Schritt zurückzutreten und sich ins Gedächtnis zu rufen, dass es diesen Mechanismus überhaupt gibt. Anschließend sollten wir mal gründlich überlegen, ob wir gerade auf eine subtile Beeinflussung reinfallen oder nicht. Doch für jeden ist Schönheit etwas anderes.

Ein weiterer Faktor für Sympathie ist die Ähnlichkeit. Sie ist sogar einer der wichtigsten, um sein Gegenüber zu überzeugen. Je ähnlicher uns ein Mensch ist, desto sympathischer werden wir ihn finden. Die Ähnlichkeit kann sich beispielsweise in Äußerlichkeiten wie dem ähnlichen Kleidungsstil äußern. Angenommen, Ihnen fehlen fünfzig Cent, um am Parkautomaten Ihre Gebühren zu bezahlen: Am besten halten Sie in diesem Moment Ausschau nach einer Person, die ähnlich angezogen ist wie Sie. Falls Sie genau die bitten, Ihnen Geld zu leihen, ist Ihre Chance, es zu bekommen, entschieden höher.

Entzauberung der Autorität

Eine Sache sollten Sie unbedingt beachten, falls Sie selbst mal Hochstapler werden wollen: Seien Sie niemals zu perfekt. Ich kann mir gut denken, dass Sie beim Lesen der ersten Beispiele dieses Abschnitts dachten: Auf teure Autos, Anzüge und eindruckschindende Titel falle ich nicht rein! Einerseits haben Studien bewiesen, dass Sie das doch tun. Und andererseits habe ich das ganz bewusst so uneingeschränkt behauptet. Ich wollte nämlich, dass Sie beim Lesen misstrauisch werden. Sobald nämlich jemand zu dick aufträgt, werden wir vorsichtig. Zu perfekt zu sein ist entweder langweilig oder lässt uns besonders aufhorchen. Beides ist, gemessen an der Wirkung auf andere, nicht wünschenswert. Wenn jemand nämlich zu perfekt ist, dann kommt er schnell als schleimig rüber oder macht seine Mitmenschen nur neidisch. Und Neid ist etwas, das wir weder selbst empfinden noch in anderen hervorrufen sollten. Unter keinen Umständen. Wenn jemand nämlich neidisch ist, wird er möglicherweise sehr viel Zeit investieren, um Risse in unserer Fassade zu entdecken. Kleine Fehler machen uns liebenswert und nahbar. Unterschätzen Sie nie die destruktive Macht des Neids.

Der Philosoph Søren Kierkegaard formulierte es so: «Jemand, der bewundert und dabei spürt, dass er durch Hingabe nicht glücklich werden kann, entscheidet sich dafür, das, was er bewundert, zu beneiden. So spricht er bald eine andere Sprache. In seiner Sprache heißt nun das, was er eigentlich bewundert, es sei nichts, es sei etwas Dummes und Peinliches und Seltsames und Überspanntes. Bewunderung ist glückliche Selbstpreisgabe, Neid unglückliche Selbstbehauptung.»

Ich will hier keine Wertung abgeben, was das Verhalten von Entlarver und Entlarvten angeht. Mein Rat ist ein anderer: Zeigen Sie Schwächen und geben Sie wenigstens eine davon offen zu. Sobald Empfehlungsschreiben nur positive Äußerungen enthalten, werden Personalchefs misstrauisch. Enthalten Empfehlungsschreiben allerdings auch zumindest eine weniger vorteilhafte Bemerkung über den Bewerber, dann wirkt sich das auf die Bewerbung positiv aus (Knouse, 1983).

Für Sie bedeutet das: Geben Sie Schwächen zu, sprechen Sie über Laster, wenn auch über die harmlosen. Falls dann wirklich einmal jemand im Dreck wühlt und etwas findet, dann mindert das Ihre Fallhöhe ungemein. Sehr gut beschreibt das Robert Greene in seinen «48 Gesetze der Macht». Er sagt: «Zu Geld können auch andere kommen, genauso an die Macht. Doch überlegene Intelligenz, gutes Aussehen, Charme – wer über solche Qualitäten nicht verfügt, kann sie auch nicht erwerben. Wer von Natur aus perfekt ist, muss am härtesten daran arbeiten, seine Brillanz zu bemänteln und den einen oder anderen Makel zu zeigen, um den Neid abzulenken, ehe er sich festsetzt. Es ist ein weitverbreiteter naiver Irrglaube, dass man Menschen mit seinen natürlichen Gaben erfreuen könne: In Wirklichkeit werden sie einen dafür hassen» (Greene, 2006).

Sie können die Macht der Autorität auch über einen Umweg für sich nutzen. Wenn Sie sich beispielsweise nicht festlegen wollen, dann geben Sie die Entscheidung einfach an die nächsthöhere Instanz ab. Angenommen, ein Kunde ruft bei Ihnen an, um über den Preis eines Angebots zu verhandeln. Sie wollen aber nicht handeln. Anstatt auf Konfrontationskurs zu gehen und dem Kunden zu sagen, dass kein Spielraum dafür besteht, können Sie auf eine sanfte Weise dabei vorgehen und darüber hinaus noch das Verständnis Ihres Kunden gewinnen. Sagen Sie ihm einfach, dass Sie diese Entscheidung allein nicht treffen könnten und das Thema mit Ihrem Vorgesetzten besprechen müssten. Falls Sie selbst der Vorgesetzte sind, können Sie einen Mitgeschäftsführer nehmen. In jedem Fall müssen Sie die Suche an eine Autorität abgeben. Die lehnt dann die Forderung natürlich ab.

Unterschätzen Sie dieses Vorgehen nicht. Die Methode

wird von Ihrem Gegenüber fast immer akzeptiert werden. Sogar Geiselnehmer gehen meistens darauf ein, wenn der Unterhändler die Verantwortung an einen Vorgesetzten abgibt. Bei uns zu Hause funktioniert das auch sehr gut: Wenn meine Kinder etwas wollen, worauf ich nicht eingehen will, kann ich immer sagen, dass ich das erst noch mit ihrer Mutter besprechen muss. Die hat natürlich am Ende das Sagen.

Ich bitte die Zuschauer in meinem Abendprogramm oft, dass sie mir nicht alles glauben sollen. Die anwesenden Skeptiker nicken dann immer wissend. Ein paar Minuten später führe ich aber mein Publikum so ganz nebenbei mit hanebüchenen Behauptungen, die allerdings sehr glaubwürdig klingen, aufs Glatteis. Viele glauben mir alles, bis ich sie mit der Wahrheit konfrontiere und gestehe, dass ich mich gerade eines Tricks bedient hätte. Hier ist die Macht der Autorität im Spiel. In überzeugender Weise. Interessanterweise findet genau an diesem Punkt eine Verschiebung der Realität statt. Die «normalen» Menschen glauben mir aufgrund meiner natürlichen Autorität auf der Bühne meistens alles, also ein wenig zu viel. Sie wollen es einfach so. Die Zauberkünstler hingegen gehen davon aus, dass ich ausnahmslos – sprich immer – mit Tricks arbeite. Das entspricht aber auch nicht der Wahrheit. Von ihnen werde ich regelmäßig gefragt, wie ich es beispielsweise in Beiträgen für «Extra – das RTL-Magazin» oder «Explosiv – das Magazin» geschafft hätte, Lügner zu überführen. Welchen Zaubertrick ich hier angewendet hätte, wollen sie unbedingt wissen. Die Wahrheit wird mir oft nicht geglaubt: Es gibt gar keinen Zaubertrick. Ich benutzte hier genau die Methoden, die ich auch schon mehrfach in meinen Büchern beschrieben habe. Beim Finden der berühmten Stecknadel ist es in meiner Show genau dasselbe. Viele Zauberkünstler wollen wissen, mit welchem Trick ich es schaffe, eine irgendwo im Publikum verborgene Nadel so schnell wiederzufinden. Es gibt bei dieser Nummer aber nichts Verborgenes. Das einzige Geheimnis besteht darin, dass ich mich extrem konzentriere, sehr strategisch vorgehe und dass ich sehr lange dafür geübt habe.

Auch was den Rapport betrifft, hat die jeweilige Autoritätsperson eine große Macht: Fast immer führt die Person mit dem höheren Status, die mit dem niedrigeren Status folgt. Wenn Sie einem Menschen auf Augenhöhe begegnen wollen, dann sollten Sie vorgehen wie im ersten Kapitel beschrieben. Fragen Sie sich weiterhin immer, welchen Vorteil ein vermeintlicher Experte von den Ratschlägen, die er Ihnen gibt, hat. Fragen Sie sich darüber hinaus, ob Sie der Person, wenn Sie sie aus einem anderen Zusammenhang kennen würden, auch trauen würden. Oder falls Sie Ihnen nicht als Experte vorgestellt worden wäre. Außerdem kann es sehr hilfreich sein, sich den Experten ohne seine Symbole der Macht vorzustellen – ohne Kittel, Anzug oder Uniform und ohne Dienstwagen und Titel. Trauen Sie diesem Menschen nach wie vor? Oder kommen Ihnen Zweifel?

Die Knappheit der Mittel

Ich behaupte, dass meine Kinder gute Tischmanieren haben. Sie sind höflich, sprechen nur selten mit vollem Mund, nehmen Rücksicht auf ihre Geschwister und ihre Eltern, solange von dem, was sie wollen, genug da ist. Sobald aber vom Lieblingsjoghurt nur noch ein Becher zum Abendessen auf dem Tisch steht, ist bei uns Land unter. Die vorher noch so lieben und guterzogenen Kinder kennen keine Gnade und zoffen sich ohne Ende. Und das, obwohl sie wahrscheinlich alle den Joghurt ignorieren würden, würden davon fünf Becher auf dem Tisch stehen. Kommt Ihnen das bekannt vor, lieber Leser, liebe Leserin? Knappheit schaffen, darin liegt eine sehr gute Möglichkeit, Menschen zu beeinflussen. Logischerweise klappt das bei meinen Kindern aber nur bei Joghurt, Schokolade, Gummibärchen oder so. Bei Harzer Roller und Spinat lässt auch ein noch so großer Mangel meine Kinder kalt.

Dieselbe Technik nutze ich an vielen Stellen in meinem Programm. Wenn ich zum Beispiel will, dass eine Aufgabe von einem Mitwirkenden auf der Bühne schnell erledigt wird, dann verknappe ich die Zeit. Früher brauchten einige Zuschauer beispielsweise sehr lange, um sich ein bestimmtes Symbol auszudenken und dieses dann aufzumalen. Mit dem Prinzip der Verknappung bringe ich mittlerweile ausnahmslos alle dazu, sich damit zu beeilen: Ich gebe ihnen einfach nur zehn Sekunden Zeit und zähle laut von zehn bis null rückwärts. Das wirkt Wunder.

Ein anderes Beispiel: Für eine Nummer in meinem Vortrag brauche ich die Hilfe von sechs Personen aus dem Publikum. Sobald ich sage: «Ich hätte gern sechs Personen hier vorn auf der Bühne», könnte die ganze Nummer unter Umständen platzen, weil kein Mensch auf die Bühne will. Wenn ich den Platz auf der Bühne künstlich verknappe und die Möglichkeit mitzuwirken vorher stark einschränke, sieht die Reaktion ganz anders aus. Ich sage also: «Heute Abend sind hier tausend Personen. Leider hat daher nicht jeder von Ihnen die Möglichkeit, hier vorne persönlich mitzuwirken.

Bei meiner nächsten Nummer können aber sechs von Ihnen dabei sein.» Seitdem stehen sofort mehr als genug bereit.

Das Prinzip der Knappheit besagt, dass uns unsere Möglichkeiten umso attraktiver erscheinen, je schwerer sie erreichbar zu sein scheinen. Eine Briefmarke, die es nur ein einziges Mal gibt, hat für Sammler einen unschätzbaren Wert. Das hängt damit zusammen, dass sie durch ihre Einzigartigkeit erst ihre Bedeutung erlangt. Papier und Druck sind hier nicht mehr wert als bei jeder anderen Briefmarke auch. Das hängt nur damit zusammen, dass wir sie aufgrund von Knappheit wertvoll machen. Und diese Tatsache bringt mich sofort zu einer Erkenntnis Paul Watzlawicks: «Es gibt Wirklichkeiten erster und zweiter Ebene.» Dass die Briefmarke nur ein Stückchen bedrucktes Papier ist, gehört zur Wirklichkeit der ersten Ordnung. Dass wir der Briefmarke einen unschätzbaren Wert zuschreiben, weil sie einzigartig ist, zählt zur Wirklichkeit zweiter Ordnung. Für jede Art der Kommunikation ist diese Unterscheidung äußerst wichtig. Da die Welt das ist, wofür wir sie halten, kann Kommunikation nämlich nur dann reibungslos funktionieren, wenn die Gesprächsteilnehmer die Wirklichkeit der anderen erahnen und auch akzeptieren können.

Die Psychologen haben herausgefunden, dass dieses Prinzip noch besser funktioniert, wenn wir daran erinnert werden, dass wir etwas, was wir bereits haben, unwiederbringlich verlieren könnten. In einem Test reagierten Studenten so stärker auf die Vorstellung «Verlust» als auf die, einen Gewinn zu erreichen. Die Psychologinnen Beth Meyerowitz und Shelly Chaiken fanden beispielsweise heraus, dass Broschüren zur Krebsvorsorge sehr viel wirksamer ausfallen, wenn die Frauen darauf aufmerksam gemacht werden, was sie verlieren, falls sie nicht zur Vorsorgeuntersuchung gehen, als wenn dort in den Vordergrund gestellt werden würde, was eine frühzeitige Diagnose für Vorteile brächte. Wie so oft ist die Veränderung der Perspektive hier entscheidend und zeigt durchschlagende Wirkung.

Sobald wir also etwas haben, was wir auch wieder loslassen müssen, erlangt das einen höheren Stellenwert. Einmal gewonnene Freiheiten werden nicht einfach wieder aufgegeben. Sie können Ihren Kindern das Leben sehr schwermachen und den Wert des Erlebnisses steigern, wenn Sie ihnen einmal erlauben, abends noch fernzusehen und es einmal – ohne ersichtlichen Grund – verbieten. Wenn es einmal die Freiheit gab, abends fernzuschauen, dann bedeutet es einen großen Verlust, wenn das plötzlich verboten wird. Bitte beachten Sie, was ich oben zwischen Gedankenstriche gesetzt habe, nämlich: «ohne ersichtlichen Grund». Daraus folgt: Es ist viel einfacher, eine Regel aufrechtzuerhalten, wenn nicht ständig davon abgewichen wird. Ich ganz persönlich bin jedoch der Meinung, dass es für Kinder und Eltern wunderbar sein kann, miteinander Freiheiten und damit Ausnahmen zu genießen, und dass es hässlich ist, ständig auf Verboten rumzureiten. Ich selbst bin auch ein Mensch mit großem Drang zur Freiheit. Aus diesem Grund gestehe ich sie meinen Kindern auch gerne zu. Wenn ich sie ihnen dann aus einem guten Grund nehme – zum Beispiel, weil alle am nächsten Morgen früher aufstehen müssen als sonst –, dann muss ich das auch fundiert begründen können. Meistens verstehen die Kinder das dann auch. Was sie jedoch nie nachvollziehen können, ist die Unberechenbarkeit der Eltern. Und seien Sie mal ehrlich zu sich selbst: Sie konnten das als Kind doch auch nie leiden?

Das Prinzip der Knappheit könnten Sie bei nächster Gelegenheit testen, nämlich dann, wenn Sie wieder mal Besuch haben. Servieren Sie zu diesem Anlass Kekse, aber nicht gleich eine ganze Schüssel voll, sondern nur ein paar Stück auf einem riesengroßen Teller. Wahrscheinlich werden sie Ihre Besucher dann als qualitativ hochwertiger empfinden. Diesen Schluss legt zumindest eine Studie aus dem Jahr 1975 nahe. Hier bekamen die Teilnehmer im Zuge einer Marktanalyse Plätzchen zu probieren. Der Hälfte offerierte man zehn Kekse in einem Schälchen, der anderen nur zwei Kekse in demselben Schälchen. Die Teilnehmer, die nur zwei Kekse angeboten bekamen, beurteilten sie als teurer und besser als die anderen Teilnehmer.

Robert B. Cialdini hat eine sehr gute Strategie im Umgang mit Knappheit auf Lager: «Obwohl die knappe Keksauswahl als signifikant begehrenswerter eingeschätzt wurde, fiel ihre Geschmacksbewertung keineswegs besser aus als die der reichlich zur Verfügung stehenden. Trotz des stärkeren Verlangens, das die Knappheit hervorrief [...], schmeckten sie nicht einen Deut besser als die anderen. Hierin liegt eine wichtige Erkenntnis. Was uns so an knappen Gütern reizt, ist nicht die Vorstellung, sie zu verwenden, sondern die, sie zu besitzen. Diese beiden Dinge sollten nicht verwechselt werden [...]. Oftmals beruht unser Interesse an einer Sache allerdings nicht darauf, dass wir sie einfach nur besitzen wollen, sondern auf ihrem Gebrauchswert: Wir wollen sie essen oder trinken oder berühren oder anhören oder fahren oder sie anderweitig verwenden. In solchen Fällen sollte man sich unbedingt daran erinnern, dass knappe Dinge allein aufgrund ihrer begrenzten Verfügbarkeit eben nicht im Geringsten besser schmecken oder funktionieren und sich auch nicht besser anfühlen, anhören oder fahren lassen.» Ich hoffe, Sie kommen trotzdem noch freiwillig zu mir auf die Bühne.

Die Frage macht den Unterschied

Im Sommer 2002 stand ich mit meiner damals hoch-
schwangeren Frau an einem S-Bahnhof in München. Es
war Nachmittag, wir kamen aus der Stadt zurück, wo wir
für unsere Tochter, die bald auf die Welt kommen sollte, ein
paar Babysachen gekauft hatten. Wir waren gerade bestens
gelaunt. Am Bahnsteig warteten wir länger als sonst. Die
S-Bahn kam einfach nicht. Nach zirka fünfzehn Minuten
kam die Durchsage, dass alle weiteren Züge sich aufgrund
eines Personenschadens auf unbestimmte Zeit verspäten
würden. «Na toll», sagte ich, «da hat sich wieder irgendein
Idiot vor den Zug geworfen.» Langsam gerieten wir unter
Zeitdruck, denn wir hatten abends noch einen Termin. Wir
mussten zu einer Veranstaltung, auf der ich auftreten sollte. Als die S-Bahn endlich kam, wurde es wirklich eng. Wir
mussten uns beeilen, um erst mal nach Hause zu kommen
und von dort aus zum Auftrittsort zu fahren. Ich musste ja
noch meine Requisiten zusammenstellen und mich um-
ziehen. Am Ende hat alles geklappt. Wir kamen noch früh
genug an, und mein Auftritt lief gut. Als ich danach in die
Umkleidekabine zurückkam, wartete meine Frau kreide-
bleich auf mich. Der Idiot, der sich vor den Zug geworfen
hatte, war ein enger Freund unserer Familie gewesen.

Ich erzähle Ihnen diese Geschichte, weil dieser Freund
nicht irgendein Bekannter gewesen war, sondern weil er
einer der Menschen war, die mir gezeigt hatten, dass man
davon leben kann, Seminare und Vorträge zu halten. Er war
sogar der Erste, der mich dazu motivierte. Das war Ende der

neunziger Jahre gewesen. Ich kannte den Beruf des Redners bis dahin nicht. Nachdem ich mein Studium abgeschlossen hatte, gründeten wir beide sogar gemeinsam eine Firma. Er war ein sehr guter Seminarleiter gewesen, und noch heute benutze ich – sowohl bei meinen Bühnenauftritten als auch bei meinen Seminaren – Methoden und Techniken, in die er mich vor vielen Jahren eingewiesen hatte. Sein Name war Dr. Ingolf Glabbatz, und ich denke gern an ihn zurück.

Oft mit einem Gefühlsmix aus Traurigkeit und auch ein wenig Hilflosigkeit – er war psychisch offensichtlich sehr viel stärker belastet worden, als wir alle vermutet hatten. Ich glaube, ohne Ingolf hätte ich sehr viel länger gebraucht, um zu erkennen, dass ich in der Lage bin, Menschen in meinen Bann zu ziehen und ihnen etwas Besonderes zu bringen. Schade, dass ich ihm das nie persönlich sagen konnte.

An dieser Stelle sollte ich unbedingt erwähnen, dass er auch einen Mentor hatte, dessen Name Andreas Bornhäußer ist. Die Methoden und Techniken, die ich Ihnen hier vorstelle, stammen für mich zwar weitgehend aus einem Seminar von Dr. Ingolf Glabbatz, der eigentliche Urheber war aber Andreas Bornhäußer. Später irgendwann kaufte ich mir auch sein Buch «Präsentainment» und konnte daraus viel Nutzen ziehen. Ich kann es auch heute noch nur wärmstens empfehlen. Für mich werden die Erkenntnisse aber immer mit Dr. Ingolf Glabbatz verbunden bleiben.

Einer seiner Lieblingssätze war, dass es zwei Sorten von Menschen gebe: diejenigen, die machen, und diejenigen, mit denen gemacht wird. Die zweite Gruppe hat es nicht leichter als die erste – aber sie hat es bequemer. Falls Sie zur ersten Gruppe gehören möchten, dann gebe ich Ihnen zwei seiner Leitsätze mit. Hier der erste:

«Die Betroffenen wollen stets die Beteiligten sein»

Das Kapitel über Hypnose hat es bereits gezeigt: Es ist unerlässlich, die Menschen genau da abzuholen, wo sie gerade sind. Nur dann können Sie sie von Ihren Ideen überzeugen. Eine gute Methode, um herauszufinden, wie – und auch was – Menschen denken, ist etwas sehr Einfaches, aber für sehr viele ein Buch mit sieben Siegeln: gekonnt fragen. An welche Schulstunden erinnern Sie sich am ehesten? An die, in denen ein – meist schlechtgekleideter – Lehrer vor Ihrer Klasse stundenlang doziert hat, oder an die, in denen mit dem Lehrer – der sich ein bisschen dynamischer gab – über ein Thema kontrovers diskutiert wurde? Die meisten Erkenntnisse aus meiner Schulzeit verdanke ich den guten Fragen meiner Lehrer, und zwar zum richtigen Zeitpunkt. Die am meisten gestellte Frage meiner Lehrer war übrigens: «Thorsten, warum schwätzt du eigentlich so viel?» Aber das nur am Rande.

Gerade bei der Fragetechnik gilt übrigens einer meiner Lieblingsgrundsätze: Die Energie folgt der Aufmerksamkeit. Hier ein wirklich schauerliches Negativbeispiel aus Ingolfs Seminar. Der Verkäufer fragt den Kunden am Ende seiner Produktpräsentation: «Gibt es noch irgendetwas, das Sie davon abhalten könnte, mein Angebot anzunehmen?» Ich glaube, es gibt wirklich Verkäuferseminare, in denen so dämliche Fragen empfohlen werden, und Seminarteilnehmer, die solche Fragen dann auch wirklich stellen. Nach dem Grundsatz, dass die Energie der Aufmerksamkeit folgt, ist das so ziemlich die dümmste Frage, die man am Ende eines Verkaufsgesprächs äußern kann. Selbst wenn der Kunde zu diesem Zeitpunkt nur halbwegs überzeugt wäre, durch diese Totschlagfrage würde seine Aufmerksamkeit sofort auf die negativen Aspekte des Angebots gelenkt. Solche Fragen also bitte ersatzlos aus Ihrem Katalog streichen. Wir wollen uns in diesem Kapitel mit vier Arten von Fragen beschäftigen:

- Mit der Suggestivfrage: «War das Auto rot oder schwarz?» Diese Frage gibt bereits zwei Alternativen vor. Vielleicht war das Auto ja blau. Und: «Du bist doch sicher auch schon ganz müde», das klappt leider nie bei meinen Kindern.
- Mit der schließenden Frage: Auf eine Entscheidungsfrage kann man nur mit ja oder nein antworten, möglicherweise noch mit «vielleicht» oder «ich weiß es nicht». Ein Beispiel: «Gefällt Ihnen dieses Buch?»
- Mit der öffnenden Frage: Sie beginnt meistens mit einem «W». Wie viel, warum, weshalb, woran, wen, wem, wodurch? Konkret: «Was gefällt Ihnen denn an diesem Buch am besten?» Sie hat den großen Vorteil, den Gefragten zum Reden animieren zu können. Bei richtiger Anwendung wecken Sie damit sein Interesse, und Sie erfahren etwas über seine Einstellung und seine Art zu denken. Sie können mit der öffnenden Frage natürlich auch gezielt eine Entscheidung beeinflussen. Achten Sie bei der Art der Frage aber bitte auf Aufmerksamkeit und Energie, die Sie durch Ihre Frage befördern. Im oben genannten Beispiel – was den Kunden noch davon abhalten könnte, das Angebot abzulehnen – ging das komplett in die Hose. Des Weiteren sollten Sie bei der öffnenden Frage die Wörtchen «warum», «weshalb» und «wieso» von nun an vergessen. Was diese drei betrifft, reagieren wir alle nämlich voreingenommen. Mit ihnen verbinden wir

sofort eine Antwort. Bitte beachten Sie: Es wird gewöhnlich erst nein gesagt, und dann «warum» gefragt.
- Und schließlich mit der Alternativ- oder Entscheidungsfrage: «Grobe oder feine Bratwurst?»

Nehmen wir ein Beispiel aus meinem Alltag: Es ist neunzehn Uhr abends. Zeit für meine Kinder, zu Bett zu gehen. Fast täglich kommt von einem von ihnen genau jetzt die Frage: «Papa, darf ich noch Schokolade essen?» Meine Antwort lautet normalerweise – außer an Weihnachten vielleicht: «Nein.» Die Reaktion meiner Kinder ist jedes Mal dieselbe: «Warum denn nicht?» Ich freue mich dann, dass sie anfangen, mit mir zu handeln. Das macht jedes Mal aufs Neue Spaß. Darum geht es jetzt allerdings nicht. Das Beispiel soll vielmehr zeigen, dass das Wort «warum» oft mit dem Wörtchen «nein» auftritt. Da die Energie der Aufmerksamkeit folgt, wollen wir in diesen Sog aber gar nicht erst reingeraten. Also, vergessen Sie das Warum und fragen Sie lieber anders – das ist weitaus effektiver, glauben Sie mir.

Zum Beispiel könnten meine Kinder sagen: «Liebster Papa, wenn ich nachher auch ganz gründlich Zähne putze, dann hast du doch sicher nichts dagegen, dass ich jetzt als kleines Betthupferl noch ein kleines Stückchen Schokolade esse…» Diesen druckreifen Satz hat mein Sohn mir tatsächlich mal abends ins Ohr geflüstert. Ich war begeistert! Nicht nur dass er eine Frage in eine Aussage verwandelt hatte, er hatte sie auch noch in eine Suggestivaussage verwandelt. Vielleicht war das alles noch ein wenig sperrig, aber er ist ja auch erst fünf Jahre alt. Natürlich hat er ein Stück bekommen, so viel rhetorisches Talent muss belohnt werden. Das Beispiel zeigt übrigens auch, dass es sehr großen Spaß machen kann, einer solchen Suggestion zu folgen. Natürlich weiß ich, dass mein Sohn – ausgekocht, wie er ist – versucht hat, mich zu beeinflussen. Aber manchmal macht es einfach mehr Spaß, sich dem hinzugeben, als immer nur zu gewinnen, oder?

Die Suggestivfrage und die schließende Frage gehören praktisch in den Kindergarten der Manipulationsausbildung. Wir leben inzwischen im dritten Jahrtausend, und viele unserer Mitmenschen haben einen gewissen Bildungsgrad erreicht. Aus diesem Grund sollten Sie diese beiden Fragetypen zwar als solche erkennen, aber selbst nicht zur Anwendung bringen. Auf so billige Art und Weise zu beeinflussen ist zu plump und stillos. Das ist höchstens Kindern gestattet. Übrigens: Die überaus strapazierte Management-Binsenweisheit «Wer fragt, der führt» ist nur die halbe Wahrheit. Richtiger sollte es heißen: «Wer fragt, zuhört und gut beobachtet, steckt den reinen Frager locker in die Tasche.»

In Sachen Alternativfrage bringt Bornhäußer in seinem Buch eine sehr gute Anekdote: Sie kann – richtig eingesetzt – zu einer Goldmine führen. Er erzählt von einem Gastwirt, der seine Rinderkraftbrühe künftig mit Ei verkaufen will. Der Gastwirt war von seiner Idee selbst begeistert, denn er rechnete sich aus, dass er mit sehr wenig finanziellem Mehraufwand einen viel höheren Preis für seine Suppe erzielen könnte. Dieses Ziel im Auge, bat er seine Bedienungen, zukünftig verstärkt die Brühe mit Ei anzubieten. Trotzdem veränderte sich nichts. Die neue Suppenvariante verkaufte sich nicht öfter als vorher. Verblüfft erzählte er seinen Kollegen von seinem Plan. Auch die waren sofort begeistert von der Brühe-mit-Ei-Idee. Warum sie sich allerdings bislang nicht besser verkauft hatte als die normale Rinderbrühe, war ihnen schleierhaft. Sie trafen eine Abmachung: Jeder der anwesenden Wirte solle versuchen, das neue Produkt «Brühe mit Ei» verstärkt zu verkaufen.

Zwei Wochen später trafen sie sich wieder. Bei einem der Gastwirte war die neue Kraftbrühe zum Verkaufsschlager avanciert. Die Lösung für den durchschlagenden Erfolg war verblüffend einfach. Nach dem Motto «Die Energie folgt der Aufmerksamkeit» hatte dieser Wirt von der Macht der richtigen Frage profitiert. Er leitete sein Personal an, den Gästen folgende Frage zu stellen: «Wünschen Sie die Suppe mit einem oder mit zwei Eiern?» Die meisten Gäste antworteten: «Danke, mit einem Ei bitte.»

Eine sehr schöne Ergänzung zur Alternativfrage ist die Implikation. Ein Beispiel dafür wäre: «Räumst du deine Schuhe vor oder nach dem Mittagessen auf?» Das ist doppelt raffiniert. Erstens wird vorausgesetzt, dass die angesprochene Person die Schuhe überhaupt aufräumt, und zweitens werden zwei Dinge miteinander verknüpft, die überhaupt nichts miteinander zu tun haben. Mittagessen und Aufräumen sind zwei Paar Schuhe – bitte beachten Sie das Wortspiel. Die Implikation trifft direkt ins Unbewusste, das Bewusste wird umgangen. Die Werbung nutzt solche Implikationen übrigens meisterhaft. Oder finden Sie etwa, dass ein Deo etwas mit Verführung zu tun hat? Oder Wermut mit Sex?

Zurück zur Fragetechnik. Das oben genannte Beispiel zeigt den Unterschied zwischen Fragetechnik und Gesprächsführung. Es führt eben nicht der, der fragt, sondern der, der *richtig* fragt: Ich habe Teile dieses Buchs in einem meiner Lieblingshotels geschrieben. Dieses Mal nicht in der

Toskana oder in Frankreich, sondern in den Alpen in Öster-
reich. Eines Abends bestellte ich mir zum Essen ein Bier.
Ein Helles, um genau zu sein. Die Bedienung sah mich nach
der Bestellung freundlich an und fragte vorsichtig: «Ein
großes?»

Ihr Nachhaken war so freundlich, dass ich mich gar nicht
getraut hätte, ein kleines zu bestellen – außerdem war es
wirklich lecker. So macht man das. Das ist zwar Beeinflussung pur, aber eine schöne, nicht wahr? Vergleichen Sie die
Eleganz dieser Frage mal mit einer schnöden und plumpen
Suggestivfrage. Hätte die Bedienung gesagt: «Sie wollen
doch bestimmt ein großes Bier?», ich hätte daraufhin wahrscheinlich ein kleines Wasser bestellt.

Beeinflussungen sind keine Verbrechen. In diesen Fällen
finde ich sie auch nicht schlimm. Denn: Ist es nicht die Aufgabe einer Bedienung, dem Gast einen möglichst angenehmen Aufenthalt zu ermöglichen, an den er sich noch gern
erinnert? Die Kellnerin half mir, eine Entscheidung zu treffen. Ich hatte – vielleicht gerade wegen des großen Biers –
einen tollen Abend und fühlte mich pudelwohl. Und noch
was: Obwohl ich mich mit den Fragetechniken gut auskenn-
ne, habe ich mich der verführerischen Beeinflussung trotzdem gern freiwillig hingegeben. Die Wirksamkeit ist das
Maß der Wahrheit, das funktioniert.

«Wer alle Sinne anspricht, präsentiert am sinnvollsten»

Das ist Ingolfs – oder Bornhäußers – zweiter Satz, den ich
Ihnen hier mitgeben möchte. Um mir zu zeigen, wie wir
alle auf verschiedenen Kanälen gleichzeitig denken, hatte
er folgende Übung mit mir gemacht. Ich gebe sie aus den

Seminarunterlagen Wort für Wort wieder. Sie finden sie übrigens auch im Buch «Präsentainment».

«Stellen Sie sich vor, Sie würden ein Haus kaufen wollen. Folgende drei Angebote lägen Ihnen vor. Bitte entscheiden Sie sich für eines davon. Sie werden gleich etwas über sich erfahren:

- «Haus 1: Das Haus fällt sofort ins Auge durch seine reich gegliederte Fassade. Man erkennt auf den ersten Blick, dass der Besitzer sein volles Augenmerk der Gestaltung des Innenhofs wie auch der des weiträumigen Gartens gewidmet hat. Schaut man sich in den fünf Zimmern des Wohnbereichs um, dann wird man immer wieder Details entdecken, die das Auge entzücken. Durch die großen Fenster kann man den Ausblick auf ein malerisches Stadtviertel genießen, in dem nur selten ein Auto zu sehen ist. Durch die übersichtliche architektonische Gestaltung haben die Wohnräume Weitläufigkeit. Es ist offensichtlich, dass dieses bildschöne Haus seinen Preis wert ist.»
- «Haus 2: Das zweite Haus ist äußerst ansprechend. Es liegt in einem ruhigen Viertel, und das Zwitschern der Vögel ist oft das einzige Geräusch, das hier zu hören ist. Wenn sich auf das Klopfen hin das Tor öffnet und Sie zunächst durch den lauschigen Innenhof in den Garten treten, werden Sie die Stille genießen. Die Inneneinrichtung der fünf Zimmer zu beschreiben – das ist fast unmöglich. Sie könnte aus einer Märchenwelt stammen und erzählt so viel über die Geschichte dieses Hauses. Sie werden sich vielleicht fragen, wie jemand diese Fülle von Gegenständen so harmonisch aufeinander abstimmen

konnte. Überlegen Sie sich gut, wie Sie auf dieses Kauf-
angebot antworten wollen.»

- «Haus 3: Dieses Gebäude ist solide gebaut und vermittelt
  dem Besucher spontan das Gefühl wohltuender Behag-
  lichkeit. Mit seinen fünf Zimmern ist es geräumig genug,
  um einem den Eindruck uneingeschränkter Bewegungs-
  freiheit zu vermitteln. Gleichzeitig zeigt die Wärme des
  geschmackvollen Interieurs eine sehr entspannte Ge-
  mütlichkeit. Das Gebäude umschließt einen Hofraum,
  der geprägt ist durch anheimelnde Rundbögen. Von
  dort kommt man in Kontakt mit einem Platz, der jeden
  Besucher positiv berührt. Sie können sicher nachemp-
  finden, wie sehr es dem Verkäufer am Herzen liegt, dass
  dieses Haus in gute Hände gelangt.»

Welches Haus Ihnen am besten gefällt, sagt etwas darüber
aus, wie Sie bevorzugt angesprochen werden wollen. Es
handelt sich nämlich bei allen Beispielen um ein und dasselbe Haus. Ich hatte zwar bereits an anderer Stelle schon
die Technik des Neurolinguistischen Programmierens so
ausführlich beschrieben, dass ich darauf verweisen könnte,
aber weil die Methode so grundlegend ist, möchte ich hier
noch mal kurz darauf einsteigen.

Beim NLP geht man davon aus, dass jeder Mensch über
drei Hauptkanäle seine Umwelt wahrnimmt und sich über
diese drei Hauptkanäle auch mitteilt: über Sehen, Hören
und Fühlen. Die Fachbegriffe lauten: visuelles, auditives
und kinästhetisches Wahrnehmen. Alle Fähigkeiten sind
bei allen Menschen vorhanden, sie werden jedoch je nach
Person verschieden häufig benutzt und sind auch nicht bei
jedem gleich stark ausgeprägt. Der sachkundige NLPler

spricht in diesem Zusammenhang von Kanalpräferenzen.

Es gibt Menschen, die eine Nachricht ansprechend präsentiert finden, wenn sie ihnen bildhaft nahegebracht wird – zum Beispiel durch Fotos oder Filme. Andere bevorzugen den Zugang übers Hören. Sie verstehen etwas besser, wenn sie die Inhalte hören und sich nicht unbedingt übers Lesen aneignen müssen. Wiederum andere müssen etwas buchstäblich be-greifen, beziehungsweise es muss für sie auf der Gefühlsebene angesprochen werden, damit sie sich es gut merken. Wichtig in diesem Zusammenhang ist die Erkenntnis, dass keiner von uns ausschließlich über nur einen Kanal ansprechbar ist. Jeder hat lediglich seine Präferenzen. Die können sich auch von Zeit zu Zeit verändern. Mit Schubladen und Pauschalisierungen kommt man also nicht weiter. Eine Person, die noch vor ein paar Monaten bevorzugt über Bilder anzusprechen war, kann heute – warum auch immer – plötzlich den Audiokanal bevorzugen. Ich selbst bin jemand, der einen Text sofort in Erinnerung behält, wenn er mir über einen Vortrag präsentiert wird. Sobald ich etwas nur lese, muss ich mich viel stärker auf den Inhalt konzentrieren, um ihn erfassen und behalten zu können. Früher war das anders, da bevorzugte ich das Visuelle.

Um Ihr Gegenüber, was das angeht, einzuschätzen und leichter erreichen zu können, müssen Sie es immer wieder genau beobachten. Welche Aspekte Sie am besten im Auge haben und welche Rückschlüsse Sie daraus ziehen können, steht unter anderem detailliert in meinem Buch «Ich weiß, was du denkst».

Mit Hilfe der Texte, die dasselbe Haus verschiedenartig beschreiben, können Sie überprüfen, welcher Kanal gerade von Ihnen bevorzugt wird. Angenommen, das Haus eins hat Ihnen am besten gefallen. Dann liegt Ihre Präferenz gerade im visuellen Bereich. Falls das zweite Haus Sie am meisten angesprochen hat, dann bevorzugen Sie momentan den auditiven Kanal. Begeisterung beim vermeintlichen dritten Haus heißt: Der kinästhetische Kanal ist gerade eingeschaltet.

In diesem Phänomen ist auch einer der Gründe zu suchen, warum einige Redner mit demselben Inhalt einer Rede besser ankommen als andere. Wenn ich bei einem Vortrag oder bei einem Seminar eine Gruppe von Menschen vor mir sitzen habe, dann möchte ich natürlich alle gleichzeitig erreichen: Schließlich bin ich eine Rampensau und noch dazu eitel. Das mache ich mit mehreren Hilfsmitteln:

- Ich versuche, schon in dem Moment in der Stimmung zu sein, in die ich meine Zuschauer versetzen will: «Alle Macht kommt von innen.»
- Ich weiß schon vorher, was ich meinem Publikum mitteilen will. Ich habe also eine Haltung zu meiner Aufgabe entwickelt. Als dieser Punkt einmal bei einem Seminar zur Sprache kam, haben einige Teilnehmer gelächelt und angemerkt, dieser Aspekt sei doch selbstverständlich. Leider ist das ein Trugschluss. Ich glaube, von Gerhard Polt stammt der Ausspruch: «Weil er nichts zu sagen hatte, redete er fünfzig Minuten lang.» Und das zeigt exakt, worum es gehen muss.
- Ich versuche immer, vor einer Gruppe alle Kanäle anzusprechen, um jeden zu erreichen.

Gefühle lesen

Paul Ekman hat auf diesem Feld so erfolgreich geforscht wie kaum ein Zweiter. Seine Analysen konnten beispielsweise belegen, dass unsere Gesichter ausnahmslos zeigen, was wir fühlen. Denn es gibt eine direkte Verbindung zwischen unseren Emotionen und unserem Ausdruck. Das eine beeinflusst das andere. Zwischen Gefühlen und unseren Worten besteht so eine Verbindung nicht. Aus diesem Grund kann mit dem Mund gelogen werden, mit dem Gesicht jedoch nicht.

Charles Darwin meinte, dass Gefühle an Funktion, an Wichtigkeit verlören, weil sich die Menschen zu höheren Wesen weiterentwickelten. Heute wissen wir, dass Gefühle die Grundlage jeden Handelns sind. Alles, was uns wichtig ist, ist mit einer bestimmten Emotion verknüpft. Jeder Gedanke, ja auch jede noch so rationale Überlegung. Deshalb gelingt denjenigen, die wissen, wie ihr Gegenüber emotional drauf ist, ein Einblick in dessen Innerstes. Das wirkt unter Umständen so überzeugend, als könnten sie förmlich Gedanken lesen. Die Gefühle anderer zu erkennen hat deshalb einen unschätzbaren Wert.

Emotionen enträtseln und für Aufsehen sorgen

Ich liebe Gesichter. Gut, es kommt auf das jeweilige Gesicht an, aber generell stehe ich drauf und bin fasziniert davon. Das sind wir übrigens alle. Wenn Sie das nicht glauben können, dann schauen Sie doch mal in Ihr Portemonnaie. Dort finden sich wahrscheinlich Fotos von den von Ihnen geliebten Menschen. Es sind ganz sicher ihre Gesichter zu sehen und nicht unbedingt ihre Füße.

Vor einigen Jahren hörte ich eine Geschichte, die das wunderbar verdeutlicht: In England gab es an einer der bekanntesten Universitäten angeblich einst einen sehr profilierten Professor mit einem geheimen Spleen. Er liebte es, splitternackt im Fluss zu baden. Eines Tages kühlte er sich wieder einmal so ab und hörte hinter der nächsten Biegung, wie ein Ruderboot sich näherte. Er glaubte, zwei der Stimmen der Ruderinnen wiederzuerkennen. Es waren wohl zwei seiner Doktorandinnen, wenn ihn nicht alles täuschen sollte. Er musste sich also dringend etwas einfallen lassen, damit seine verrückte Leidenschaft auch weiterhin geheim bliebe. Er schwamm also so schnell er konnte zum Flussufer und versuchte, sich zu verstecken. Genau in dem Moment, in dem er das Ufer erreichte, bog tatsächlich das Boot um die Ecke. Sein Eindruck war richtig gewesen, im Boot saßen die beiden Doktorandinnen. Also packte er so schnell wie er konnte sein Handtuch – und legte es sich über den Kopf! Ein schlauer Mann.

Paul Ekman ist einer der Pioniere, wenn es um die Erforschung unserer Mimik geht. Der Forscher konnte mit seinem Team nach jahrelangen Studien auf der ganzen Welt einen Gesichtsatlas erstellen, in dem er Tausende von Gesichtsausdrücken bestimmten Emotionen zuordnete. Er entwickelte ein System, mit dessen Hilfe man erkennen kann, welche Emotion sich in einem Gesicht gerade widerspiegelt. Vielleicht kennen Sie die Serie «Lie to me»? Das Vorbild für die Hauptperson der Serie ist Paul Ekman. Er stand auch als wissenschaftlicher Berater bei der Realisation zur Verfügung. Seine Erfindung nannte Paul Ekman FACS, Facial Action Coding System. Er hatte damit eine geniale Methode für die Entschlüsselung von Mimik entwickelt. Diese beruht auf der Tatsache, dass es sieben Basisemotionen gibt, die sich bei jedem von uns auf dieselbe Art und Weise zeigen, sobald in uns ein bestimmtes Gefühl aufkommt. Es sind folgende:

• Überraschung,
• Angst,
• Trauer, Verzweiflung,
• Wut und Ärger,
• Ekel,
• Verachtung sowie
• Freude.

Natürlich gibt es weit mehr als diese sieben verschiedenartigen Gefühlsregungen. Diese sieben sind aber universell. Das bedeutet, dass sie gut zu unterscheiden sind, weil sie bei jedem Menschen gleich ausgedrückt werden.

Paul Ekman hat wissenschaftlich, das heißt systematisch, erforscht, wie sich jede dieser Emotionen in unserem Gesicht niederschlägt. Das bedeutet, wenn wir seine Systematik kennen, dann können wir im Gesicht des anderen lesen, was er gerade fühlt. Das ist, gelinde gesagt, der Oberhammer. Wenn Sie also wissen, worauf Sie im Gesicht Ihres Gegenübers achten müssen, dann sind Sie in der Lage, seine Gefühlsregungen richtig zu deuten. Das eröffnet uns unglaubliche Möglichkeiten.

Ekman geht noch einen Schritt weiter und behauptet: Es sind sogar Vorhersagen möglich. Wenn Sie Kinder haben, dann kennen Sie die Situation, in der Ihnen klarwird, dass Ihr Kind gleich anfangen wird zu weinen. Sie sehen es am zitternden Kinn und an der sich verfinsternden Augenpartie. Das funktioniert auch bei anderen Emotionen und bei Erwachsenen. Mit reichlich Übung und ausgeprägtem Feingefühl können Sie also erkennen, wie Ihr Gegenüber sich fühlt, und zwar bevor Ihr Gegenüber es selbst realisiert und sich eingesteht. Das nenne ich Gedankenlesen der hohen Schule. Und selbst wenn Ihr Gesprächspartner versucht, Ihnen etwas vorzuspielen, sobald Sie wissen, worauf Sie achten müssen, können Sie seine wahre Emotion erkennen.

Nach Paul Ekman gibt es mehrere Arten eines Gesichtsausdrucks: den referenziellen, den partiellen, den schwach ausgeprägten und den Mikroausdruck. Der referenzielle Gesichtsausdruck ist nur wenig ausgeprägt. Er verweist auf eine Emotion, die wir momentan nicht wirklich fühlen. Wenn Ihnen jemand eine Geschichte erzählt, die zeigt, dass er sich über etwas geärgert hat, dann kann es sein, dass Sie in Ihrem Gesicht das Gefühl von Ärger zeigen, um unbewusst Rapport aufzubauen. Sie drücken also Ärger aus, ohne ihn zu fühlen. Ekman erklärt, es sei so, als würden Sie das Wort «Ärger» mit Ihrem Gesicht sagen. Der Gesichtsausdruck wird dabei leicht modifiziert, damit Ihr Gegenüber erkennt, dass Sie seine Aussage zwar unterstützen, aber man darf nicht versehentlich denken, Sie würden sich über das Gesagte tatsächlich ärgern. Daher kommt beim referenziellen Ausdruck nur ein Teil der Mimik zum Einsatz. Bei solcher Art Ärger ziehen Sie vielleicht nur die Augenbrauen zusammen, oder Sie pressen die Lippen aufeinander. Sobald der Ausdruck zu stark wird, ist das für Ihr Gegenüber nicht nur irritierend, sondern es besteht zusätzlich die Gefahr, dass Sie sich wirklich zu ärgern beginnen. Schließlich folgt ja die Energie der Aufmerksamkeit. Gestik und Körperhaltung können somit auch die entsprechende Emotion auslösen.

Beim partiellen Gesichtsausdruck ist nur ein Teil des Gesichts beteiligt – im Gegensatz zur voll ausgeprägten Mimik, da zeigt sich die Emotion im gesamten Gesicht. Der partielle Gesichtsausdruck kann zwei Ursachen haben: Entweder die zugrundeliegende Regung soll nicht gezeigt werden, oder sie ist nur schwach ausgeprägt und entfaltet sich daher nicht über das ganze Gesicht.

Der schwach ausgeprägte Gesichtsausdruck erklärt sich von selbst: Er ist eben schwach ausgeprägt. (Solche überzeugenden Sätze liebe ich.) Er spricht für ein unterdrücktes Gefühl oder auch für eine nur sehr schwach empfundene Emotion. Es kann daher ebenso sein, dass ein Gesprächspartner seine Emotion zu unterdrücken versucht, ihm das allerdings nicht vollends gelingt. Auch beim langsamen Aufkommen eines bestimmten Gefühls beginnt die Mimik sich erst schwach zu formen, wird aber allmählich immer deutlicher.

Der Mikroausdruck oder die Mikromimik kommt zustande, wenn unsere Emotionen spezielle Muskeln in un-

neutral

serem Gesicht kurz aktivieren, die wir dann sofort zu kontrollieren versuchen. Trotz der direkten Kontrolle entsteht oft ein Gesichtsausdruck, den wir innerhalb von Sekundenbruchteilen kontrollieren – der Mikroausdruck.

Die Mikromimik erstreckt sich gewöhnlich über das ganze Gesicht. Das muss aber nicht immer der Fall sein. Es gibt auch Momente, in denen eine Mikromimik partiell oder auch nur sehr schwach ausgeprägt ist. Der neue Ausdruck ist dann nur extrem kurz zu sehen, etwa nur eine Fünftelsekunde lang. Wenn Sie als Beobachter in dem Moment blinzeln, nehmen Sie ihn womöglich nicht wahr. Der Mikroausdruck ist extrem verräterisch. Er offenbart meist ein Gefühl, das die betreffende Person unbedingt verbergen möchte. Ihr Gesprächspartner will offensichtlich nicht, das Sie erfahren, was er fühlt. Es kann auch ein unbewusstes Ausdrücken eines Gefühls sein. Gewöhnlich ist der Ausdruck leicht asymmetrisch, er erscheint und verschwindet ruckartig.

Bevor wir uns jetzt die einzelnen Regungen genauer anschauen werden, ist etwas entscheidend: Wenn Sie in der Lage sein wollen, Ausdrücke zu deuten, müssen Sie wissen, welches Gesicht Ihr Gegenüber zeigt, wenn es keine besondere Gefühlsregung aufweist, die Person sich also neutral verhält. Wie immer muss auch hier kalibriert werden. Kommen wir nun aber zu den einzelnen Emotionstypen und ihrer Entsprechung in unserem Gesicht.

Überraschung

Das ist natürlich meine Lieblingsregung. Mein Abendprogramm ist darauf ausgelegt, diesen Ausdruck bei meinen Zuschauern zu erzeugen, genauso wie die Freude.

Die Überraschung zeigt sich von allen Emotionen am kürzesten. Sobald wir wissen, was Sache ist, sind wir auch schon nicht mehr erstaunt. Sobald das Unerwartete verarbeitet ist, geht der Ausdruck der Überraschung auch schon in einen anderen Gesichtsausdruck über. Dabei sind die Übergänge übrigens fließend. Da es in der Natur der Sache liegt, dass eine Überraschung uns immer kalt erwischt, können wir sie praktisch nicht verbergen. Solange wir nicht vorher behaupten, von einem Ereignis genau zu wissen, ist es für unser Gegenüber auch kein Problem, wenn sich in unserem Gesicht Überraschung zeigt. In den anderen Fällen – in denen wir unsere Überraschung verbergen wollen –, haben wir Pech gehabt, denn wir haben bei einer echten Überraschung fast keine Zeit, unser Verhalten zu überprüfen.

Es gibt in der Emotionsforschung durchaus Meinungsverschiedenheiten, ob Überraschung eine echte Emotion ist oder nicht. Ich möchte diese Diskussion nicht unerwähnt lassen, aber hier nicht weiter darauf eingehen, weil es uns an dieser Stelle nicht weiterhelfen würde. Überraschung kann man gut im Gesicht erkennen, und das allein ist hier von Bedeutung.

Wichtig ist es allerdings, eine Unterscheidung zwischen Überraschung und Schreck zu machen. Der ist nämlich eindeutig keine Emotion, darin sind sich alle Forscher einig. Erschreckt sein und überrascht sein spiegeln sich im Gesicht auch ganz anders wider. In meinen Seminaren gehe ich gern ganz langsam durchs Publikum und schreie eine Person plötzlich aus heiterem Himmel an. Ja, meine Seminare sind für die Beteiligten ein großer Spaß. Fast alle Betroffenen kneifen in diesen Momenten die Augen fest zu, senken die Augenbrauen und spannen die Lippen an. Bei einer Über-

Überraschung

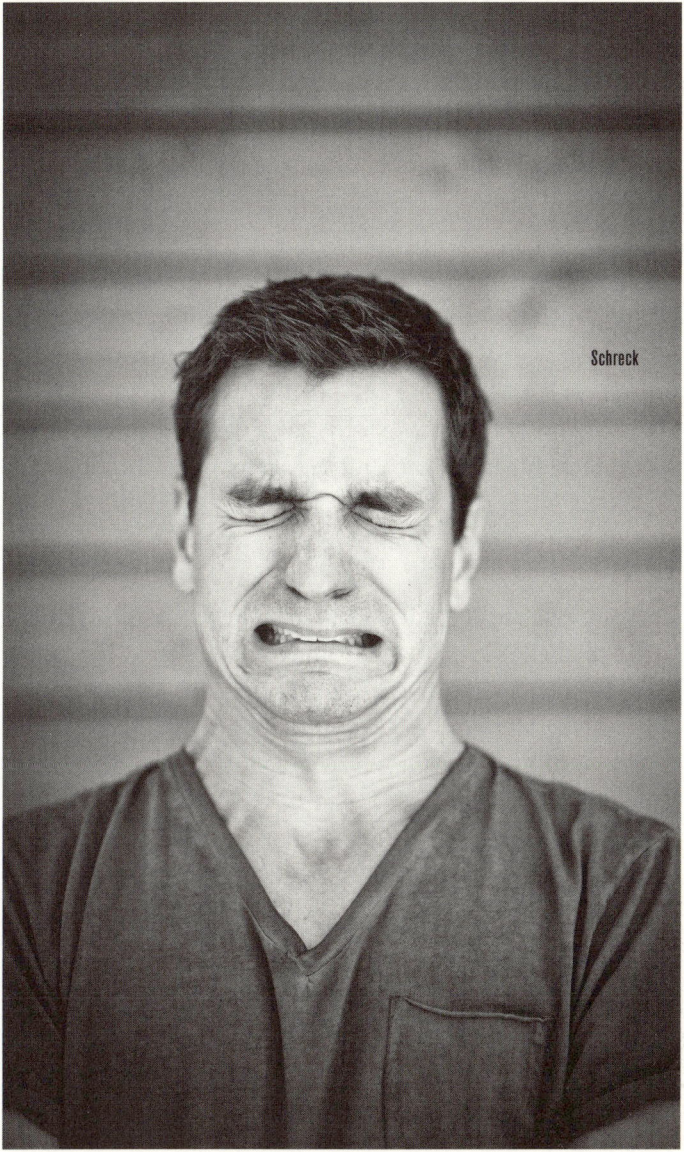

Schreck

raschung dagegen öffnen wir die Augen weit, ziehen die Augenbrauen nach oben, und uns fällt die berühmte Kinnlade runter. Unterschiedlicher kann ein Gesichtsausdruck kaum sein. Außerdem ist Schreck noch kürzer als Überraschung, und er kann unmöglich unterbunden werden. Selbst wenn Sie jemandem sagen, dass es gleich ganz laut knallen wird, er wird beim Knall trotzdem Anzeichen von Schreck zeigen – außer er ist taub. Bei Überraschung ist das nicht so. Sie äußert sich in der Mimik folgendermaßen:

- weit nach oben gezogene Augenbrauen,
- die Stirn bekommt dabei horizontale Falten – außer bei Kindern, Jugendlichen und Botoxanwenderinnen.

Bitte beachten Sie des Weiteren:

- Wenn nur die Augenbrauen nach oben gezogen werden, das restliche Gesicht aber keine Regung zeigt, dann handelt es sich nicht um eine Überraschung. Falls nur die Augenbrauen für ein paar Sekunden gehoben werden, dann wird damit gezeigt, dass derjenige das, was ihm gerade erzählt wird, anzweifelt oder dass die Geschichte wirklich unglaublich ist.
- Sobald eine Person beim Stellen einer Frage die Augenbrauen nach oben zieht, dann verrät uns das, dass sie die Antwort bereits kennt. Vielleicht handelt es sich ja auch nur um eine rhetorische Frage. Kennt jemand die Antwort auf seine eigene Frage nicht, sieht das ganz anders aus. In diesem Fall werden die Augenbrauen zusammengezogen. Dieser Ausdruck steht dann nicht für Wut, sondern für höchste Konzentration.

- Die Oberlider sind weit nach oben gezogen, die Unterlider bleiben entspannt;
- der Unterkiefer ist heruntergeklappt. Je weiter er heruntergeklappt ist, desto stärker fällt die Verblüffung aus;
- der Ausdruck ist kurz zu sehen. Wenn Sie also jemanden treffen und der schaut Sie länger als ein paar Sekunden überrascht an, dann ist er entweder nicht überrascht, oder Sie verwechseln den Ausdruck mit dem von Angst.

Angst

Der Gesichtsausdruck bei Angst wird oft mit dem bei Überraschung verwechselt. Sie ähneln sich tatsächlich sehr. Wir bekommen Angst, wenn uns Schaden droht. Der Schaden kann auch psychischer Art sein. Beispielsweise ein materieller Verlust oder auch einer körperlicher Art: Wir müssen zum Zahnarzt und fürchten Schmerz. Es gibt weitverbreitete Ängste, bei denen beim bloßen Denken daran das Gefühl von Angst bei uns ausgelöst wird. Schlangen und große Höhen sind nur zwei Beispiele, die auch Ekman anführt. Da Ängste so leicht auszulösen sind, wurden darüber auch die meisten Studien durchgeführt. Man nimmt an, dass die Evolution hauptsächlich zwei Reaktionen der Angst folgen lässt: verstecken oder flüchten. Wenn wir Angst haben, werden unsere Beinmuskeln sofort stärker durchblutet. Die ersten Vorbereitungen für die Flucht werden getroffen.

Die andere Option besteht darin, sich zu verstecken. Auch die Reaktion, vor Angst starr zu werden und sich nicht mehr bewegen zu können, hat ihren Ursprung darin. Man will nicht entdeckt werden, sprich, man muss sich verstecken. Es ist auch gut möglich, dass wir Angst empfinden, uns aber

Angst

weder die Option zu fliehen noch die, uns zu verstecken, zur Verfügung steht. In dem Fall ist es sehr wahrscheinlich, dass sich die Angst in Zorn verwandelt. Laut Ekman werden Angst und Zorn recht häufig schnell hintereinander erlebt. Das bedeutet, dass unser Nervensystem in solchen Fällen sofort eine Emotion gegen eine andere austauscht, wenn Erstere sich als unwirksam erweist. Anzeichen für Angst äußern sich in der Mimik folgendermaßen:

- Nach oben gezogene Augenbrauen, die aber gerade bleiben.
- Die Augenbrauen werden – anders als bei der Überraschung – leicht zusammengezogen. Dabei nähern sich die inneren Enden.
- Die Oberlider sind nach oben gezogen.
- Wenn bei hochgezogenen Oberlidern die Unterlider angespannt sind und das übrige Gesicht keine Regung zeigt, geht es nie um Überraschung, sondern immer um Angst.
- Die Lippen werden horizontal angespannt – bei Überraschung ist der Mund leicht geöffnet.
- Sobald nur der Mund sich leicht verzieht, die Augen aber neutral bleiben, ist das meist ein Zeichen von Besorgnis.
- Die einzige Emotion, bei der Stirn und Augenbrauen unbeteiligt bleiben, ist die lähmende Form der Angst. Bei der ändern sich nur Augen und Mund wie oben beschrieben.

Trauer und Verzweiflung

Was die Länge des Ausdrucks betrifft, zeigt sich das Gefühl der Trauer lange – ganz anders als die Überraschung. Keine Emotion ist anhaltender als Trauer und Verzweiflung. In diesem Abschnitt werde ich mich allerdings ausschließlich dem Gefühl von Niedergeschlagenheit und Verzweiflung widmen und nicht dem extremen Ausdruck von Trauer, wie sie Eltern etwa beim Begräbnis ihres Kindes zeigen. Um diesen Grad an Trauer zu erkennen, braucht kein Mensch ein schlaues Buch.

Nein, hier geht es um das Gefühl von Traurigkeit, wenn wir etwas nicht erreicht haben oder wenn ein Verlust noch nicht unmittelbar hinter uns liegt. Beim Niedergeschlagensein ist unser Gesicht schlaff und bleibt ohne jede Regung. Man kann an der Stellung der Augenbrauen sehen, was gerade los ist. Sie werden an den Innenseiten nach oben hoch gezogen sein. Weil Woody Allen Augenbrauen hat, die von Natur aus über der Nasenwurzel nach oben zeigen, hat er immer ein trauriges Gesicht. Der Schauspieler und Komödiant Jim Carrey übrigens auch. Da nur sehr wenige Menschen die Augenbrauen an der Innenseite bewusst nach oben ziehen können, ist diese Art der Mimik – außer bei Allen und Carrey – ein sehr verlässliches Merkmal für Trauer und Verzweiflung. Bei den meisten Menschen entsteht hier eine vertikale Falte, die diese Gefühlsregungen verrät. Diese Stellung der Augenbrauen ist manchmal das einzige Zeichen von Trauer. Auch die Augenlider werden von den Augenbrauen mit nach oben gezogen. Die Innenseiten der Oberlider bekommen eine leicht dreieckige Form:

Trauer

- Bei großer Trauer ist auch das Unterlid leicht angespannt.
- Ein weiteres Merkmal von Trauer ist der gesenkte Blick.
- Die Mundwinkel sind heruntergezogen.

Wut, Ärger, Zorn

Hier sind wir bei der gefährlichsten aller Emotionen angekommen. Zorn ist deshalb eine tückische Emotion, weil
Wut in uns noch mehr Wut auszulösen vermag. Es ist ein
Gefühl, das sich gern von selbst hochschaukelt. Des Weiteren ist es sehr schwierig, auf den Zorn eines anderen nicht
zornig zu reagieren. Manchmal braucht es auch gar keine
zweite Person, um zornig zu werden. Und er kann sich sogar
gegen uns selbst richten. Es gibt Momente, da kann man sich
selbst nicht leiden. Gewöhnlich werden wir dann ärgerlich,
wenn wir eigentlich etwas tun wollen und daran gehindert
werden. Meine verheirateten Leser wissen ganz sicher, was
ich hiermit meine. Auch wenn uns etwas zu Unrecht vorge-
worfen wird, wir beleidigt werden oder wenn jemand eine
ganz andere Meinung hat, kann es zu Wut- und Zornesaus-
brüchen kommen. Das mag im Extremfall dazu führen, dass
wir den anderen bewusst verletzen wollen, entweder durch
Worte oder auch durch körperliche Gewalt. Wut und Zorn
verflüchtigen sich aber normalerweise schnell wieder. Falls
allerdings das Gefühl des Zorns zur persönlichen Grund-
haltung wird, wird es gefährlich. Amokläufe, Gewaltatta-
cken gegen Einzelne, blutige Revolutionen sind die Folge.
Meistens wandelt sich das Gefühl aber in eine andere Emotion wie Angst.

Wut, Zorn, und Ärger sind trotzdem wichtige Emotionen. Ohne das Spüren von Wut würden manche Menschen

Wut

niemals handeln und es schaffen, ihre Situation zu verändern. Hierbei ist es wichtig, dass wir uns unter Kontrolle haben, dass sich Emotion immer gegen die Ursache richtet und nicht auf eine Person übertragen wird, die überhaupt nichts dafür kann. Wenn wir richtig zornig sind, handeln wir nämlich oft völlig unüberlegt und lassen Dampf beim Falschen ab. Sie wissen, was ich damit meine. Geschickter ist es in jedem Fall, in Momenten des Zorns in den Wald zu gehen und erst mal einen Baum anzuschreien, auf einen Boxsack mit aller Kraft einzudreschen oder richtig laut Musik zu hören. Wenn wir wieder Herr der Lage sind, können wir uns der Ursache widmen und haben die Möglichkeit, mit klarem Kopf zu überlegen. Das schreibt sich leicht, ich weiß. Aus demselben Grund ist es auch nicht klug, auf eine Mail, die uns wütend gemacht hat, sofort zu antworten und dem anderen unter Strom zu zeigen, «wo der Hammer hängt». Klüger ist es meistens, eine wütende Antwortmail zu schreiben und sie nicht abzuschicken! Sobald wir dann wieder einen kühlen Kopf haben, lesen wir einfach unsere Antwort in Ruhe durch und werden dann auch abschätzen können, ob wir wirklich so scharf antworten wollen oder nicht. Das ist echte Freiheit der Gedanken.

Um Wut zu erkennen, müssen Sie auf Stirn, Augen und Mund Ihres Gegenübers achten. Anzeichen für Wut äußern sich in der Mimik folgendermaßen:

- Die Augenbrauen werden gesenkt und ziehen sich zusammen.
- Dazwischen entstehen dabei meistens senkrechte Falten.
- Die Stirn ist nicht gerunzelt.

Falls sich allein die Augenbrauen verändern, kann das folgende Gründe haben: Die betreffende Person ist sauer, will aber nicht, dass man ihr das ansieht. Sie ist allerdings leicht gereizt. Es kann auch sein, dass sie nur verblüfft ist und die Augen zusammenkneift, um sich auf den einen Punkt zu konzentrieren, der für die Reaktion gesorgt hat. Falls Augen oder auch Augenbrauen zusammengekniffen werden, ist das meistens ein eindeutiges Indiz dafür, dass die betreffende Person sich auf die eine Sache, die sie dabei fixiert, vollkommen konzentriert. Falls also in einem Gespräch Ihr Gegenüber das tut, kann es ein sehr deutlicher Hinweis darauf sein, dass es seine volle Konzentration braucht, um Ihren Ausführungen zu folgen.

- Die oberen Augenlider sind bei gesenkten Augenbrauen angehoben, der Blick ist stechend.
- Je nach Ausprägung der Wut ist das Unterlid angespannt.
- Das Oberlid senkt sich gleichzeitig mit den Augenbrauen, was zu einem Blick beiträgt, der sein Gegenüber intensiv fixiert.

Achtung! Wenn wir nur die Augen in Betracht ziehen, können alle Ausdrücke, die hier bisher beschrieben wurden, auch bedeuten, dass sich unser Gegenüber sehr stark konzentriert. Aufschluss gibt in solchen Fällen der Mund.

- Häufig wird der Unterkiefer – und damit das Kinn – nach vorne geschoben.
- Die Lippen sind fest zusammengekniffen – man sagt nichts mehr. Das Rote der Lippen wird dabei schwächer. Sind allein die Lippen zusammengekniffen, dann ist

das – Achtung also – auch ein Hinweis auf Konzentration oder harte körperliche Arbeit. Heben Sie mal vor einem Spiegel einen schweren Gegenstand hoch, dann wissen Sie, was ich meine.

- Der Mund ist rechteckig geöffnet: Mit geschlossenem Mund schreien zu wollen hat schließlichkeinen Sinn.

Kneift Ihr Gegenüber die Lippen zusammen, ist das oft ein Zeichen für gerade aufkommende Wut. Daran können Sie unter Umständen erkennen, wie Ihr Gegenüber gleich reagieren wird, obwohl es ihm selbst noch gar nicht bewusst ist. Bei dieser Art Emotion werden Muskeln eingesetzt, die wir sehr leicht kontrollieren können. Aus diesem Grund kann man Wut auch leicht spielen. Bei Verdacht sollten Sie gleichzeitig auf die Reihenfolge seiner Worte und die damit verbundenen Taten achten.

Ekel

Sollten Sie Kinder haben, können Sie regelmäßig beobachten, wie Sich-Ekeln aussieht: Kochen Sie einfach Spinat zum Mittagessen. Falls Sie selbst mal erleben wollen, wie Sie Ekel empfinden, dann reicht bei fast allen Menschen der Gedanke an Fäkalien, Erbrochenes, Urin oder grünen Auswurf. Auch hier sind diejenigen mit Kindern im Vorteil.

Paul Ekman beschreibt auch ein sehr anschauliches Gedankenexperiment zum Thema «Ekel». Es stammt von dem Psychologen Gordon Allport. Die Idee hätte aber auch von meinen Kindern sein können.

Ekel-Experiment

- Schlucken Sie den Speichel in Ihrem Mund runter.
- Jetzt stellen Sie sich vor, Sie spuckten viel Speichel in ein Glas und tränken das Glas anschließend aus. Bitte stellen Sie sich das nur vor. Etwas ganz Natürliches wird so plötzlich ekelerregend. Ein Produkt, das unseren eigenen Körper verlässt, wird ab dem Moment zu etwas Ekelhaftem.

Ekel kann durch viele Faktoren ausgelöst werden: durch das Betrachten von widerlichen Bildern, durch Gerüche, beim Anfassen einer schleimigen Masse und beim Fernsehen, etwa beim «Musikantenstadl» oder so.

Wir können uns auch vor anderen Menschen ekeln. Je näher uns ein Mensch steht, desto seltener empfinden wir Ekel. Aus diesem Grund können wir die Windeln unserer Kinder wechseln und ihr Erbrochenes aufputzen, ohne mit der Wimper zu zucken. Für die Leser, die gerade eine Familie gründen wollen: Das ist erst der Anfang ...

Auch beim Sex wird die Ekelgrenze verschoben. Das hört sich sehr unromantisch an, ist aber wahr. Ich kann es Ihnen daher auch anders näherbringen: Die Lippen der geliebten Person zu küssen ist schön, die Lippen eines Menschen, der uns abstößt, zu küssen dagegen ekelhaft. Aufgrund von Vertrautheit, Nähe und Liebe empfinden wir anders. In diesem Zusammenhang beschreibt Ekman ebenfalls, dass uns der Anblick von Blut gewöhnlich abstößt. Unsere Reaktion fällt jedoch komplett unterschiedlich aus, wenn der Betreffende uns nicht fremd ist, sondern uns nahesteht. In diesem Fall wird aus Ekel Mitgefühl. Wir haben das Bedürfnis, das

Leiden der von uns geliebten Person zu lindern, und weichen vor nichts zurück. Anzeichen für Ekel äußern sich in der Mimik folgendermaßen:

- Die Nase ist immer gerümpft.
- Die Oberlippe ist nach oben gezogen.
- Die Unterlippe kann auch mit nach oben gezogen sein – muss aber nicht.
- Die Unterlippe ist nach vorne geschoben.
- Je stärker der Ekel ausfällt, desto mehr Fältchen bilden sich um die Mundpartie herum.
- Die Augenbrauen können gesenkt sein. Achtung: Hier besteht die Gefahr, dass Ekel mit Zorn verwechselt wird. Wenn die Oberlider nicht angehoben und die Augenbrauen nicht zusammengezogen sind, geht es oft um Ekel und nicht um Zorn. Meist sind die Muskeln um die Augen entspannt – außer eine Sache ist derart ekelhaft, dass wir die Augen fest zukneifen, weil wir das Elend nicht sehen wollen.

Ekel zeigt sich hauptsächlich um Mund- und Nasenpartie. Da wir die Muskeln in diesem Bereich sehr gut kontrollieren können, ist es sehr leicht, angeekelt zu tun. Meine Kinder können das super, ich muss nur schräge Musik anmachen. Aus demselben Grund ist es auch recht einfach, Ekel zu verbergen. Das klappt bei mir allerdings nur so lange, wie ich keine Katzenscheiße wegmachen muss. Warum machen die eigentlich grundsätzlich auf Teppiche und nie auf Kacheln?

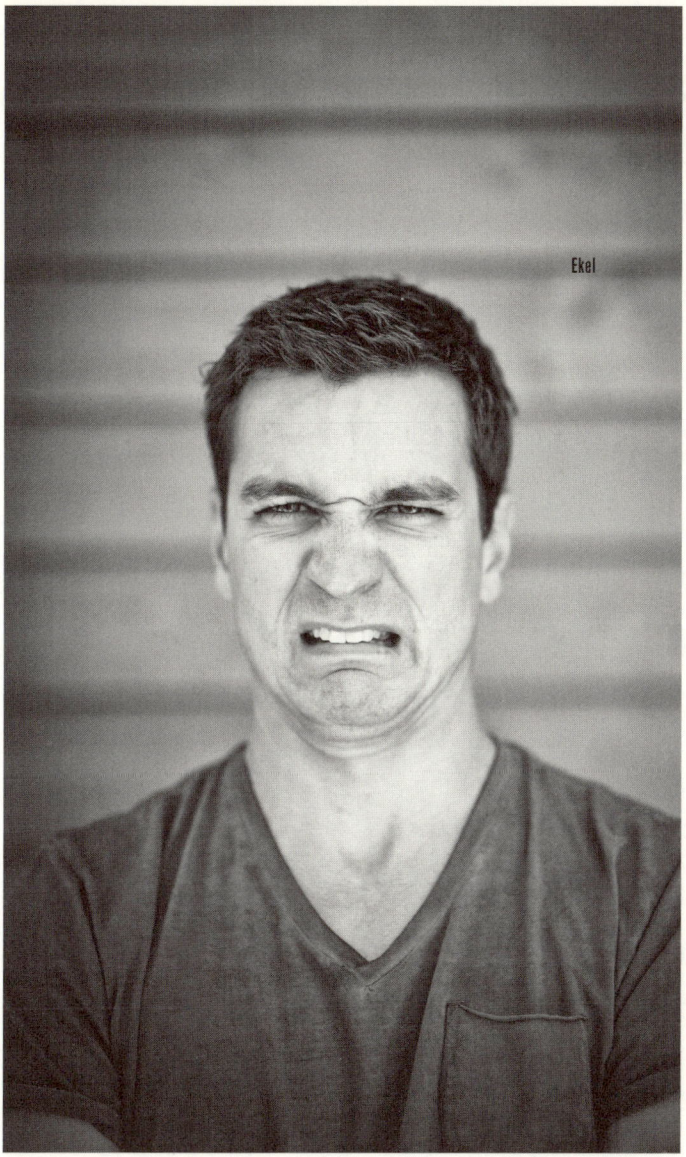

Ekel

Verachtung

Verachtung

Das Signal für die Reaktion «Verachtung» zu erkennen kann Ihre Beziehung retten! Der Psychologe John Gottman hat einen Test entwickelt, mit dessen Hilfe er in der Lage ist, in weniger als einer Stunde zu erkennen, ob die Ehe eines Paares halten wird oder nicht. Malcolm Gladwell beschreibt in seinem Buch «Blink», wie Gottman einem glücklich wirkenden Paar nach nur fünfzehn Minuten genauen Beobachtens sagt, wo die Beziehung hakt. Nach nur fünfzehn Minuten Analyse konnte er diesbezüglich eine Trefferquote von beachtlichen neunzig Prozent erlangen. Selbst nach einer Beobachtungsphase von nur drei Minuten lag seine Quote noch bei annähernd neunzig Prozent.

Sein Fazit: Sobald bei einer Konversation auch nur leise Zeichen für Ekel und Verachtung im Gesicht von einem der beiden Partner auftauchen, steht es um die Beziehung sehr schlecht. Die Regel lautet: Bei einem Paar, das sich nicht scheiden lassen wird, stehen die positiven zu den negativen Gefühlen im Verhältnis von mindestens fünf zu eins.

Gottman fand heraus, dass es bei der Beobachtung von Paaren ausreicht, sich auf vier Aspekte zu konzentrieren: Verachtung, Verteidigungshaltung, Blockade und Kritik. Diese vier nennt Gottman die «apokalyptischen Reiter». Der schlimmste: Verachtung. Sobald sie sich während eines Streitgesprächs im Gesicht des Gegenübers zeigt, hat das Paar in seiner Beziehung ein ernstes Problem.

Kritik nervt natürlich ohne Ende, aber Verachtung ist weitaus schlimmer, weil sie von oben herab kommt. Indem jemand eine andere Person verachtet, sagt man ihr indirekt: Du stehst weit unter mir. Gottman hat sogar herausgefunden, dass man anhand des Grades an Verachtung sogar vorhersagen kann, wie oft sich der Verachtete mit einer Erkältung infiziert: Sobald mir jemand, den ich liebe, ständig deutlich seine Verachtung zeigt, wirkt sich das derart schwächend auf mein Immunsystem aus, dass ich mich schneller erkälte. So viel zur klaren Trennung zwischen Körper und Geist.

Verachtung und Ekel sind eng miteinander verwandt, aber nicht gleichzusetzen. Es gibt wichtige Unterschiede, was die Mimik angeht:

- Die Bewegung findet nur in einer Gesichtshälfte statt.
- Die Mundwinkel sind angespannt und werden leicht hochgezogen.

Freude

Bezeichnend für unsere Gesellschaft ist die Tatsache, dass die Forschung so viel mehr über negative Gefühle weiß als über positive. In der Vergangenheit befasste sich die Mehrzahl der Wissenschaftler mit krankhaften psychischen Störungen und weniger damit, was uns glücklich macht. Da die Energie der Aufmerksamkeit folgt, ist es sehr zu begrüßen, dass sich das zurzeit ändert. Es ist für uns von großem Vorteil, mehr über unsere positiven Emotionen zu wissen. Zu erfahren, was sie auslöst und wie wir sie für ein glückliches Leben nutzen können. Im folgenden Abschnitt befassen wir uns also mit angenehmen, positiven Gefühlen wie zum Beispiel Glücklichsein, Spaß, Vergnügen – allen Hochgefühlen, die wir unter den Begriff «Freude» fassen können. Normalerweise zeigen wir unser Glück anderen, indem wir lachen oder wenigstens lächeln. Lachen wiederum kann mit falschen Zähnen echt sein und mit echten Zähnen falsch. Wie erkennt man das?

Nun, bei einem echten Lachen lachen die Augen immer mit. Ekman hat untersucht, wie sich zum Lachen widersprüchliche Emotionen – wie Angst oder Verachtung – einschmuggeln können und Sie sie so zu einem falschen Lachen machen. Die zwei Muskeln, die ein Lachen «echt» und zu einem wirklich fröhlichen Lachen machen, nennt man auch die «Duchenne-Marker». Guillaume-Benjamin Duchenne war ein französischer Wissenschaftler, der in den 1860er Jahren als Erster die Unterschiede zwischen echtem und falschem Lachen unter die Lupe nahm. Zum einen entdeckte er da die Rolle des «Musculus zygomaticus major». Der zieht die Lippen an den Seiten hoch zum Wangenknochen. Zum anderen gibt es den «Musculus orbicularis oculi». Der zieht die Wangen nach oben und bewirkt dadurch, dass die Haut seitlich der Augen Fältchen bildet.

Ekman und sein Kollege Friesen haben Jahrzehnte zum Thema geforscht. Vorher hatte es niemand für möglich gehalten, dass man im Gesicht verborgene Gefühle lesen könnte. Sie fanden nun heraus, dass die Duchenne-Marker nur eines von mehreren Merkmalen eines echten Lachens sind. Der Musculus zygomaticus major wird bei einem echten Lachen beispielsweise kürzer aktiviert als bei einem falschen. Ein kurzes Lächeln ist also wahrscheinlich echter als ein zu langes.

Im Rahmen dieser Studien hat Ekman auch herausgefunden, dass ein echtes Lachen einen Menschen noch besser gelaunt macht. Sobald wir glücklich sind, lachen wir also, und wenn wir lachen, macht uns das glücklich. Eigentlich könnten wir alle ein echtes von einem falschen Lachen gut

Echtes Lachen

Falsches Lachen

unterscheiden, wenn wir das nur wollten. Eigentlich! Wir wollen das nämlich nicht. Es gibt die Hypothese, dass wir beispielsweise wollen, dass die Dame an der Kasse sich freut, uns zu sehen. Wir wollen, dass andere Menschen bei unserem Anblick freundlich lächeln, und verhalten uns entsprechend. Es ist einfach schöner so, als wenn wir uns vorstellten, dass sie uns eigentlich nicht mögen oder dass wir ihnen sogar egal sind. Aus diesem Grund glauben wir auch einem falschen Lächeln gern.

Übrigens: Meistens hält der Gesichtsausdruck bei einer Emotion ungefähr zwei Sekunden lang an. Manchmal dauert er auch nur eine halbe Sekunde oder auch vier. Je länger der Ausdruck dauert, desto stärker ist die Emotion dahinter. Eine nur sehr kurz aufblitzende Reaktion bedeutet meistens, dass die betreffende Person ihr Gefühl verbergen will, bewusst oder auch unbewusst, weil sie bemüht ist, ihr Gesicht sofort wieder in den Griff zu bekommen. Hält die Mimik länger an und ist sie aber nur schwach ausgeprägt, handelt es sich dabei meistens um ein kontrolliertes Gefühl.

Der Gesichtsausdruck lässt keine Rückschlüsse auf die Ursache der Emotion zu! Wir wissen also nur, welche Emotion hinter einem Gesichtsausdruck steckt. Wir wissen aber nie, warum diese Regung zustande kam und wodurch sie ausgelöst wurde. Und: Unsere persönlichen Erwartungen und Überzeugungen haben immer, ob wir das wollen oder nicht, Einfluss darauf, wie wir einerseits einen Gesichtsausdruck deuten und was wir als Auslöser dafür annehmen. Wir müssen also immer im Hinterkopf behalten, dass der Gesichtsausdruck uns zwar Aufschluss über die Emotion geben kann, aber überhaupt gar nichts über das objektive Entstehen der Emotion verrät.

Die Wahrheit über die Lüge

«Er hat gesagt, dass Künstler lügen, um die Wahrheit zu sagen. Aber Politiker lügen, um die Wahrheit zu vertuschen.» Ein Filmzitat aus «V wie Vendetta». Nachdem ich im Fernsehen zwischenzeitlich zahlreiche Lügner überführen konnte und meine besten Geschichten dazu im Vorwort zu Paul Ekmans Buch «Ich weiß, dass du lügst» schon alle erzählt habe, wollte ich dieses Kapitel zuerst nicht schreiben. Bis ich eines Tages bei «Amazon» die Bewertungen von Ekmans Buch las. Dort schreibt unter anderem ein Leser, dass ihm das Werk viel zu langatmig sei. Zuletzt meinte er: «Letzte Anmerkung: Vielleicht sollte sich Thorsten Havener doch einen Ruck geben und zumindest eine Lightversion des Buchs verfassen.» Bitte sehr, das mache ich gern. Hier ist meine abgespeckte Variante.

Um eine Lüge zu entlarven, muss man auf sehr viele Dinge beim Lügner achten. Auch auf die Gefahr hin, dass ich mich wiederhole: Das Wichtigste ist, die Veränderung im Gesicht oder am Körper Ihres Gegenübers zu beobachten, die müssen Sie erkennen und im Auge behalten. Über Körpersprache und Betonungen in unseren Aussagen unterstützen wir das Gesagte. Das hilft dem Beobachter. Sobald die Betonung oder ein Körperausdruck nicht zu einer Aussage passt, können wir davon ausgehen, dass die Worte nicht so gemeint sind, wie sie geäußert wurden. In unserer technologisierten Welt wird es immer schwieriger, die Betonung oder die Mimik hinter einer Aussage zu bewerten.

Das ist nicht ganz unproblematisch. Weil wir das spüren, greifen wir zu Hilfsmitteln, die meines Erachtens das geschriebene Wort wie einen Virus infiziert haben – ich spreche von Emoticons. Dieser Begriff setzt sich aus Emotion und Icon zusammen und ist ein Symbol, das die Gefühle und Intentionen des Textverfassers deutlich werden lässt. Nehmen wir an, es schickt Ihnen jemand einen kalten Witz per SMS. Der Absender denkt sich möglicherweise: «Hm, vielleicht ist der Empfänger nicht in der Lage, von sich aus zu erkennen, dass ich hier einen Witz machen will – da schreibe ich doch noch schnell einen Doppelpunkt, einen Gedankenstrich und eine abschließende Klammer mit dazu.» Inzwischen sind fast sämtliche Mobiltelefone so programmiert, dass sie diese Zeichenfolge erkennen und von sich aus ein Smiley einfügen, sobald man den Doppelpunkt und den Gedankenstrich tippt. Wem die grässlichen Emoticons nicht ausreichen, der geht noch einen Schritt weiter. Er setzt ans Ende seiner Nachrichten einfach nur ein paar Buchstaben, die in der Cyber-Gesellschaft für bestimmte Redewendungen stehen: beispielsweise LOL oder – der Gipfel der Verblödung – ROFL. Das ist Englisch. Damit muss es ja gut sein. Dass die Hälfte der Deutschen nicht weiß, was das wirklich bedeutet, macht also überhaupt nichts. Das ist auch nicht wirklich schade, es ist sowieso ziemlicher Unsinn. LOL bedeutet «laughing out loud», das heißt so viel wie «ich lache laut los», und ROFL bedeutet «rolling on the floor laughing» oder «ich kugele mich vor Lachen». Was passiert hier denn bitte mit unserer Sprache? Nicht nur dass wir nicht unsere, sondern eine andere benutzen, nein, wir verhunzen zusätzlich eine andere Sprache, die die meisten von uns zudem nur halbwegs verstehen. Halten Sie mich diesbezüglich ruhig für altmodisch – das bin ich auch. Ich bin ein analoger Typ in einer digitalen Welt. Dieser Satz stammt übrigens nicht von mir. Er ist von Hank Moody, einem meiner Lieblingsautoren.

Ich werde immer wieder gefragt, ob ich nicht irgendwelche Ticks habe – hier kommt einer: Ich verabscheue englische Begriffe in der deutschen Sprache: Es gibt keinen Kaffee zum Mitnehmen mehr – der ist leider aus, es gibt nur noch Coffee to go, Meetings, Wedding Planner, Approaches, Manager, Awards, Background, Back-ups, Backstage, Basics, Benchmarks, Bikes, Blackouts, Bodyguards, Bodylotions, Boots, Brainstormings, Breaks, Business-to-Business, Business-to-Consumer, Callcenter, gecancelte Shows, Catering-Services, Charts, City-Center, Check-ins, Xmas, Coaches, Comedy und so weiter und so fort. Und das sind nur die meines Erachtens überflüssigen Begriffe bis zum Buchstaben C. Allein mit solchen Wörtern könnte man ganze Bände füllen.

Am beklopptesten wird es aber ab dem Moment, in dem wir scheinbar englische Begriffe im Deutschen benutzen, obwohl es die im Englischen überhaupt nicht gibt. Ein Handy kennt weder der Amerikaner noch der Engländer, und ein Callboy ist im Englischen nicht dasselbe wie im Deutschen – in den USA ist das ein Page, nichts anderes. (Falls Sie nicht wissen, was im Deutschen ein Callboy ist, beneide ich Sie um Ihre Unverdorbenheit.) Das Problem bei diesen hirnlosen Sprachpanschereien liegt nicht nur darin, dass unsere Sprache damit versaut wird – nein, es geht sogar so weit, dass bei englischen Werbesprüchen (Verzeihung, «Slogans») wie «Come in and find out» oder «Have a break, have a kitkat» die meisten Deutschen nur Railway Station verstehen. Laut eines Artikels bei *Spiegel online* sind Anglizismen in der Werbung keine gute Wahl.

Um zu testen, wie sie bei den Verbrauchern ankommen, wurden 24 Probanden an einen Lügendetektor angeschlossen. Dann wurde ihr Hautwiderstand beim Abspielen der deutschen und englischen Werbebotschaften gemessen. Fazit: «Wohnst du noch, oder lebst du schon?» und «Ich liebe es» wirkt besser als «Come in and find out» oder «There's no better way to fly». Die englischen Werbebotschaften perlten an den deutschen Teilnehmern ab wie ein Ei an der Teflonpfanne. Weder wurden die Inhalte richtig verstanden, noch erregten sie die gewünschte Aufmerksamkeit. «Come in and find out» wurde unsinnig mit «Kommen Sie rein und finden Sie wieder raus» übersetzt.

Und noch zwei wunderbare Beispiele zum Thema «Denglisch-Unsinn» möchte ich Ihnen, geneigter Leser, an dieser Stelle nicht vorenthalten.

Zunächst die Wortschöpfung «Public Viewing». Wir glauben, wenn wir die Tatsache beschreiben wollen, wie wir ein Fußballspiel mit vielen anderen Menschen auf einem öffentlichen Platz anschauen, dann wäre ein guter englischer Begriff dafür «Public Viewing». Am englischen und amerikanischen Sprachgebrauch ist Public Viewing ungefähr so nah dran wie Michael Schumacher am nächsten WM-Titel. In den USA bedeutet der Begriff das, was wir als Leichenschau bezeichnen würden. Wenn Sie also einen englischen Geschäftspartner zu Gast haben und fragen den, ob man am Abend mitkommen wolle zum Public Viewing, dann glaubt der, in Ihrer Familie hätte es einen Todesfall gegeben, ist verstört, dass Sie ausgerechnet ihn dazu einladen, und geht nicht davon aus, dass Sie Fußball mit ihm schauen wollen.

Ein weiteres meiner Lieblingsbeispiele wurde mir von einem meiner Seminarteilnehmer berichtet und kommt von der Lufthansa. Die hat ihren Passagieren vor einigen Jahren versiegelbare Plastikbeutel zur Aufbewahrung von Shampoo, Zahnpasta und anderen Flüssigkeiten angeboten. So verpackt war es erlaubt, sie im Handgepäck mit an Bord zu nehmen. So weit, so gut, ein schönes Detail fehlt aber noch: Die Fluggesellschaft hatte diese Beutel nämlich mit der Aufschrift «Body bag» bedrucken lassen – schließlich darf man sie ja im Handgepäck oder direkt am Körper mit ins Flugzeug nehmen. Sehr problematisch ist meines Erachtens allerdings die Tatsache, dass Body Bag auf Deutsch «Leichensack» bedeutet. Da hat man eh schon Flugangst, und bekommt vor dem Start auch noch Leichensäcke ausgeteilt.

Auch ein gutes deutsches verspätetes Frühstück gibt es nicht mehr, man trifft sich sonntags nur noch zum Brunchen. Wenn es eine Kombination aus Breakfast und Lunch gibt, warum treffen wir uns denn dann überhaupt noch zu Kaffee und Kuchen und nicht zum Lupper oder Linner?

Den Autor Hank Moody gibt es übrigens nicht wirklich – er ist die Hauptperson in der Serie «Californication». Wenn Sie wirklich mal eine ungewöhnliche Serie sehen wollen, dann sollten Sie sich die auf jeden Fall anschauen. Allein die erste Szene ist überwältigend – sofern man schweinische Witze und harte Dialoge gut vertragen kann. Moody ist ein Autor mit Schreibblockade, der in Los Angeles lebt. In einem Radiointerview wird er gefragt, was ihn auf die Palme bringe. Er antwortet sinngemäß, dass ihm unglaublich auf den Geist gehe, dass die Menschen offensichtlich immer blöder würden. Das ist übrigens normal und geht uns älteren Leuten wahrscheinlich früher oder später so. Auch

Goethe hat sich zu seiner Zeit schon über die Jugend aufgeregt.

Achtung: Jetzt wird es wirklich vulgär – falls Sie das nicht so gut vertragen können, überspringen Sie den nächsten Absatz!

«Wissen Sie, wir haben diese ganz unglaubliche Technik – trotzdem haben sich Computer zwischenzeitlich in Wichsmaschinen zum Eingeben von vierstelligen Buchstabencodes verwandelt. Das Internet sollte uns befreien, Demokratie bringen. Aber in Wirklichkeit hat es uns rund um die Uhr Zugang zu Kinderpornographie gebracht. Die Menschen schreiben nicht mehr, sie bloggen nur noch. Statt zu reden, texten sie. Keine Interpunktion, keine Grammatik gilt mehr. LOL dies, LMAO (Laughing My Ass Of – sehr vorsichtig übersetzt: Ich lache mir einen Ast ab) das. Wissen Sie, es kommt mir so vor, als würde eine Gruppe von dummen Leuten mit einem anderen Trupp dummer Menschen in einer Ursprache ‹Pseudo› kommunizieren, die mehr dem gleicht, was Höhlenmenschen von sich gegeben haben, als angemessener zeitgemäßer Sprache.» Nun, diese Stellungnahme ist natürlich extrem – aber im Kern hat Herr Moody recht, finde ich.

Zurück zum Erkennen von Lügen. Viele von uns haben verlernt, den anderen beim Reden wirklich wahrzunehmen. Wir verlassen uns einfach auf ein unspezifisches Gefühl, das wir Bauchgefühl nennen, welches aber aufgrund unserer immer mehr von Technik dominierten Welt zu verkümmern droht.

Beachten Sie übrigens, dass die Unwahrheit sagen nicht immer lügen sein muss. Es kann sein, dass ein Mensch tatsächlich denkt, er spräche die Wahrheit und trotzdem etwas sagt, das wir als Unwahrheit auffassen würden. Das liegt daran, dass es nicht nur eine objektiv messbare Wahrheit gibt, sondern mindestens so viele Wahrheiten, wie es Menschen auf der Welt gibt. Schließlich gilt noch immer der Grundsatz: «Die Welt ist das, wofür wir sie halten.»

Lassen Sie mich das an einem Ereignis verdeutlichen, das ganz Deutschland tagelang in Atem hielt: Hat Jay Kahn vor seinem Antritt im Dschungelcamp eine geheime Absprache mit Sarah Knappik treffen wollen oder nicht? Klar, in Ägypten und Tunesien wurde in diesen Tagen die Welt buchstäblich aus den Angeln gehoben, die Mehrheit der Deutschen fand aber die Ereignisse im Dschungelcamp spannender. Na gut, war ja auch interessant. Irgendwann machte Sarah reinen Tisch und erzählte allen Anwesenden sowie den Zuschauern zu Hause, dass sich Jay – der sie wirklich nicht besonders mochte – mit ihr vor der Sendung getroffen habe, um mit ihr eine Absprache zu treffen. Sie würden im Camp vor aller Welt eine Liebesbeziehung fingieren, um so mehr Popularität zu bekommen. Dieses Geständnis ging hoch wie eine Bombe. Jay dementierte das für meine Begriffe ein wenig zu heftig. So eine Absprache sei niemals gelaufen und Sarahs Behauptung sei – Achtung, schöner deutscher Begriff – Bullshit, so Jay.

Es tut mir wirklich leid, dass dieses Kapitel so vulgär ausfällt, ich kann ja auch nichts dafür, ich zitiere doch nur. Am nächsten Tag liefen bei meiner Agentur die Telefone heiß. Alle Privatsender sowie zahlreiche Boulevardmagazine wollten meine Einschätzung einholen. Hat Jay gelogen – oder Sarah? Meine Einschätzung: Jay hat zwar nicht die Wahrheit gesagt, aber auch nicht gelogen. In seinem Gesicht sah man klare Anzeichen von Angst und Verachtung. Allerdings darf man hier nicht den sogenannten Othellofehler begehen. Der besteht darin, die Angst in den Augen eines anderen Menschen als ein Schuldeingeständnis zu deuten. In diesem Fall als einen Hinweis auf eine Lüge. Angst kann auch entstehen, wenn man sich fälschlicherweise angeklagt fühlt. So ging es übrigens der Frau von Othello. Nachzulesen bei William Shakespeare. Daher kommt der Name Othellofehler. Nachzulesen bei Ekman. Ich deutete die Situation folgendermaßen: Sarah Knappik log nicht. Jay log zwar auch nicht, aber er sagte auch nicht die Wahrheit. Er hatte sich vielleicht sogar vor der Sendung mit Sarah getroffen, daher das Entsetzen in seinem Gesicht. Allerdings wäre eine solche Verabredung für Jay keine wirklich große Sache gewesen. So läuft das halt im Showgeschäft. Daher kein Zeichen von Reue oder irgendein anderes Indiz für eine Lüge.

Die Signale beim Lügen bestehen immer darin, dass sich das Verhalten des vermeintlichen Lügners auf irgendeine Art und Weise plötzlich verändert. Ein verlässliches Zeichen ist also immer eine Bewegung oder eine Geste, die vorher so noch nicht zu beobachten war. Wenn Ihr Gesprächspartner plötzlich seinen Mund mit der Hand verdeckt – oder auch nur einen Mundwinkel –, kann das schon ein klarer Hinweis fürs Lügen sein. Es mag aber auch angehen, dass er damit Skepsis zum Ausdruck bringen will – oder sich gleich übergeben muss. Um das rauszufinden, brauchen Sie weitere Indikatoren und viel Intuition. Insgesamt stehen uns drei Ebenen zur Verfügung, auf denen wir eine Lüge entlarven können:

- die nonverbale Kommunikation wie Gestik, Mimik, Sprache,
- welche Wörter werden benutzt, wie ist die Betonung,
- körperliche Hinweise wie Änderung der Pulsfrequenz oder schwitzende Handflächen.

Beschäftigen wir uns zunächst mit Körpersprache und Mimik. Die Signale, die ich Ihnen hier vorstelle, sind universell, was ihre Bedeutung angeht. Das heißt, sie sind weitgehend unabhängig von der jeweiligen Kultur, gleich ob Sie diese Signale also bei einem Menschen in Timbuktu oder Schmelz-Außen sehen, die Emotion dahinter ist voraussichtlich stets dieselbe. Hinzu kommt: Wir können, wenn wir unter Druck stehen, nur sehr schwer anders reagieren als hier beschrieben. Das ist auch einer der Gründe, warum sich gerade Pokerspieler mit genau diesen Signalen sehr genau beschäftigen. Aus dem Pokerjargon kommt auch der Name für solch verräterische Gesten. Man nennt sie – auch im Deutschen – Tell. Das ist also eine Geste, die etwas anderes, etwas Verborgenes von uns verrät. Nachdem ich mir gerade in diesem Kapitel viele Zeilen genommen habe, um über englische Begriffe in der deutschen Sprache abzulästern, werde ich die Tells hier weiterhin als verräterische Gesten bezeichnen. Sie sollten aber wissen, was ein Tell ist.

Diese Gesten können je nach Situation und Kontext natürlich verschiedene Bedeutungen haben. Falls Sie sich wundern, warum ein Mensch in einer gewissen Situation einen bestimmten Gesichtsausdruck zeigt oder eine spezielle Geste macht, und falls Sie deren Bedeutung einfach nicht zuordnen können, habe ich einen guten Trick für Sie: Stellen Sie sich einfach vor, Sie würden diese Geste selbst ausführen. Wie fühlt sich das an? Vor dem Fernseher ist es noch einfacher. Machen Sie den im Fernsehen gezeigten Gesichtsausdruck oder die Geste einfach nach. Nachdem die Energie der Aufmerksamkeit in beide Richtungen folgt, bestimmt Ihre Emotion ja nicht nur Ihre Körpersprache, sondern es funktioniert auch umgekehrt. Sie haben Ihren Übersetzer also immer dabei. Unterschätzen Sie diesen Trick nicht. Er hat mir auf der Bühne schon beste Dienste geleistet.

Angenommen, Ihr Gesprächspartner beginnt damit, seine Fingerspitzen aneinanderzudrücken und seine Finger wie ein Dach aufzustellen, während er mit Ihnen spricht oder Ihnen zuhört. Wahrscheinlich reflektiert er in diesem Moment, was Sie gerade sagen, oder überlegt, was er darauf sagen will. Diese Geste hat auch den Namen «Kirchturm». Falls Sie als nachdenklich und selbständig denkend wahrgenommen werden wollen, können Sie diese Geste benutzen, um genau diesen Eindruck zu erwecken. Allerdings ist Vorsicht geboten: Zu viel Selbstvertrauen kann auch ganz schnell arrogant rüberkommen.

Folgende Szene spielt sich bei uns zu Hause regelmäßig ab: Mein Sohn kommt nach Hause, schmeißt seine Jacke und Schuhe von sich, und zwar dort, wo er gerade steht, und läuft in sein Zimmer. Wenn ich ihm dann folge und ihn höflich darauf hinweise, dass er bitte seine Jacke aufhängen und seine Schuhe in die Garderobe stellen solle, ist die Reaktion meist gleich. Er schaut mich an, als käme ich aus einem anderen Universum, hebt beide Hände, positioniert sie seitlich neben seinem Kopf und sagt: «Immer muss ich irgendwas machen!», dabei macht er mit beiden Händen gleichzeitig eine hackende Bewegung nach unten. Beide

Hände vollführen sozusagen einen Handkantenschlag in der Luft, auf den jeder Karatemeister stolz wäre. Er macht das so energiegeladen, dass man den Eindruck hat, er könnte zentimeterdicke Steinblöcke locker durchschlagen. Würde er diese Energie aufs Aufhängen und Wegräumen verwenden, wäre alles bestens. Aber so scheint sie ihm sinnvoller eingesetzt zu sein. Diese Geste gehört ja auch zu den universellen. Jeder von uns, der etwas sehr stark unterstreichen möchte, benutzt seine Hände genau so. Wenn jemand nicht aufrichtig ist, dann kann es gut sein, dass er eine banale Aussage mit genau dieser Geste zu sehr unterstützt. Diese Geste kommt nur dann, wenn wir wirklich mit voller Energie hinter dem Gesagten stehen und wenn das Gesagte auch ein besonderes Gewicht hat. In Nullachtfünfzehn-Situationen benutzen wir diese eher nicht. Wenn sie also hier benutzt wird, könnte das verräterisch sein.

Es gibt noch eine weitere Bewegung, die wir gern verwenden, um den Wahrheitsgehalt einer Aussage zu untermauern. Wollen wir etwas sehr betonen, dann bewegen wir bei unserer Aussage rhythmisch dazu passend eine Hand nach unten. Meistens ist sie dabei geöffnet, und die Handfläche zeigt bei der Bewegung nach unten. Das Ganze sieht so aus, als würden wir gerade auf eine imaginäre Tischplatte hauen. Diese Bewegung wirkt sehr dominant, wir drücken unser Gegenüber damit nach unten, versuchen es klein zu machen und uns damit größer. Das weckt bei ihm nicht unbedingt ein angenehmes Gefühl.

Bei Männern lohnt sich ein Blick auf den Kehlkopf. Sobald die Muskeln nach einer Aussage – oder auch beim Zuhören – eine Schluckbewegung machen, dann ist das ein guter Indikator für Stress, Angst oder auch Ablehnung dessen, was gerade geäußert wurde. Also: «Ich freue mich sehr, dich zu sehen» – und danach folgt ein Schlucken. Wohl keine echte Begeisterung.

Und dann ist da noch das Augenblinzeln. Normalerweise blinzeln wir alle zwanzig Sekunden. Bei einer normalen Konversation, bei der Ihr Gesprächspartner mit Ihnen auf einer Wellenlänge liegt, wird er ungefähr genau so oft blinzeln wie Sie. Meistens in dem Moment, in dem Sie beim Reden eine Pause machen. Alles, was darüber hinausgeht, kann bedeuten, dass Ihr Gegenüber Schuldgefühle hat, ängstlich ist, scheu reagiert – oder dass seine Kontaktlinse verrutscht ist. Wenn wir intensiv nachdenken, zum Beispiel, um uns eine gute Lüge zu überlegen, steigt die Blinzelrate meistens an. Das geht oft parallel zum Blick und zur Blickrichtung. Geht der Blick nach unten, ist das meist auch ein guter Indikator für Schuldgefühle. Dasselbe kann aber auch der Fall sein, wenn Ihnen jemand bloß zu sehr und zu lange in die Augen geschaut hat. (Ich habe ja bereits gesagt, Sie brauchen auch Ihre Intuition.) In diesem Fall kann es nämlich sein, dass er seine Schuldgefühle gerade damit verbergen will, dass er Ihnen geradewegs in die Augen schaut. Das hat dann schnell etwas vom Wer-schaut-zuerst-weg-Spiel aus Schulzeiten.

Der konzentrierte Blick in die Augen kann bei unserem Gegenüber schnell Stress aufkommen lassen. Versuchen Sie das mal bei Ihren Kindern. Behaupten Sie: «Ich kann sehen, ob du mir die Wahrheit sagst oder nicht», und schauen Sie Ihrem Kind lange und wortlos in die Augen. Sobald der Blickkontakt abgebrochen wird, reduziert das sofort ein wenig den Stress. Menschen, die dominant erscheinen wollen, halten den Blick sehr viel länger als diejenigen, die sich unterordnen möchten. Achtung: Es kann daher sein, dass

Ihr Gegenüber den Augenkontakt auch genau aus diesem Grund abbricht. Er will sich nicht über Sie stellen, oder er mag Sie einfach. Das ist das genaue Gegenteil von dem, was gemeinhin über den langen Blickkontakt gedacht wird!

Ich führe in meinem Abendprogramm einen Lügentest vor. In den meisten Fällen weichen irgendwann genau diejenigen meinem Blick aus, die die Wahrheit sagen. Dieses Spielchen, wer den Blick länger halten kann, ist denen irgendwann zu blöd. Schließlich sagen sie ja die Wahrheit. Die Lügner machen das nicht. Die halten ewig durch. Die denken nämlich: «Wenn ich jetzt wegschaue, ist das ein Zeichen von Schwäche. Ich darf aber keine Schwäche zeigen, sonst sieht man, dass ich lüge.» Genau das Gegenteil ist der Fall.

Mit diesem Wissen habe ich eine Mitwirkende bei einem Dreh für das RTL-Magazin «Extra» überführen können. Als ich sie danach fragte, was ich ihrer Meinung nach im Moment der Lüge beobachtet hätte, meinte sie die Tatsache, dass sie wahrscheinlich den Blickkontakt nicht hätte halten können, als sie log. In Wirklichkeit hatte sie ausschließlich bei der Lüge den Blickkontakt gehalten. Bei allen wahrheitsgemäßen Antworten hatten sich ihre Augen beim Suchen nach der richtigen Antwort immer in verschiedene Richtungen bewegt.

Wo wir schon bei den Augen sind: Viele Journalisten, die mein erstes Buch gelesen hatten, fragten mich später, ob jemand lügen würde, wenn er vor seiner Antwort nach oben links schaue. Denn diese Bewegung ließe nach der NLP-Theorie auf einen konstruierten Gedanken schließen. Das ist natürlich viel zu stark vereinfacht gedacht und führt leicht in die Irre. Darum geht es nicht. Es geht immer darum, ob sich – wie im oben genannten Beispiel – irgendetwas im Vergleich zu anderen Aussagen geändert hat und in welchem Moment dies geschah.

Stellen Sie jemandem eine Frage, und wenn der sich dann bei der Antwort mit der flachen Hand am Hinterkopf berührt, ist das ein klares Indiz für Unsicherheit. Falls seine Antwort zu souverän klingt und er zu sehr betont, was er sagt, kann das verdeutlichen, dass ihn irgendetwas unsicher macht. Nicht vergessen: Genau diese Geste vermag von guten Manipulateuren dazu genutzt werden, eine harte Aussage abzuschwächen.

Statt des Hinterkopfs können auch die Ohren, der seitliche Hals oder die Wangen berührt werden. Bei Frauen wandert die Hand öfter zum Dekolleté, ein Griff hierhin oder zur Kette zeigt genau dasselbe. Der Grad des Schuldgefühls oder des gefühlten Stresses lässt sich an der Stärke ablesen, mit der die Hand hierbei auf die Haut oder den Gegenstand Druck ausübt. Generell berühren wir uns übrigens immer dann besonders oft, wenn wir uns selbst Sicherheit zusprechen wollen. Kratzen, reiben, sich selbst streicheln, die Hände oder Handgelenke kneten zeigen je nach Situation Unsicherheit, Angst, Abneigung oder Abwehr. Wichtig ist, je nach Situation zu entscheiden, denn ein leichtes Reiben der Hände oder auch der Handgelenke kann kombiniert mit einem sehr selbstsicheren Gesichtsausdruck genau das Gegenteil bedeuten – Überheblichkeit oder auch der Wille zur Brutalität können im Spiel sein. Also: Wenn Sie mit jemandem Rapport aufbauen wollen, dann lassen Sie diese Gesten am besten weg.

Das Berühren der Nase ist auch so eine Geste zum Weglassen. Sie ist immer ein Zeichen für Unsicherheit. Bill Clinton hat sich bei den Befragungen zur «Monicagate»-Affäre signifikant oft an der Nase berührt. Unter anderem aus diesem Grund wirkte er so unsicher. Der andere Grund ist, dass er log. Der Griff zur Nase war derart auffällig, dass Bill Clintons Medienberater ihm dringend dazu rieten, damit aufzuhören. In Meinungsumfragen kam nämlich heraus, dass er genau dadurch das Vertrauen seiner Wähler verloren hatte.

Falls jemand etwas lieber nicht sagen möchte, dann presst er womöglich seine Lippen zusammen. Das kann auch nur ganz leicht und kaum erkennbar geschehen. Das Zusammenpressen der Lippen kann vor oder nach der Aussage, die uns unangenehm ist, passieren.

Das Berühren der Lippen – mit den Fingern oder einem Gegenstand – kann eine ganze Bandbreite von Emotionen zeigen. Um diese richtig zu deuten, sollten Sie immer auch andere Indikatoren beachten. Es kann ein Zeichen von Unsicherheit sein, von Stress, Angst oder großer Nachdenklichkeit. Die Geste ist aber auch ganz nah am Daumenlutschen anzusiedeln – also an einer Geste des Sich-selbst-Beruhigens. Wenn Sie mit jemandem reden und er berührt sich plötzlich an den Lippen, dann kann es sein, dass das ein Zeichen dafür ist, dass er seine Meinung nicht sagt. Beim Flirten ist das Berühren der Lippen – oder noch besser, das Benetzen der Lippen mit der Zunge – ein Zeichen dafür, dass man gern zur Sache käme.

Wir haben uns bisher nur mit emotionalen Prozessen während des Lügens beschäftigt. Hinter einer Lüge stecken meistens Emotionen wie Angst oder Aufregung. Oft steckt eine Kombination aus mehreren dieser Emotionen dahinter. Vielleicht hat der Lügner ein schlechtes Gewissen. Es kann sein, dass er die negativen Konsequenzen seines Tuns fürchtet, vor allem wenn für ihn wirklich etwas auf dem Spiel steht. Es kann ebenso sein, dass er weiß, dass alle im Raum die Wahrheit kennen und sich hinter dem Rücken des Befragers köstlich über die stramme Lüge amüsieren. In dem Fall unterdrückt der Lügner meistens nicht seine Angst, sondern Aufregung oder ein Lachen.

Neben den emotionalen Aspekten gibt es noch die inhaltlichen Prozesse, die es zu beachten gilt. Lügen ist eine sehr komplexe Aufgabe. Es ist anstrengend. Deshalb ist es auch so schwierig, glaubhaft zu lügen, erst recht, wenn wir immer wieder und wieder befragt werden. Vor allem wenn uns der Frager überrascht, geraten wir leicht ins Trudeln. Wir müssen logisch und schnell denken, sobald wir schwindeln. Es kann gut sein, dass wir unser Verhalten dabei ändern. Um diese Veränderungen geht es, sie können uns gute Hinweise geben.

Hier übrigens eine meiner Lieblingsmethoden, schnell eine Lügengeschichte zu erkennen. Lassen Sie sich eine Story von A biz Z erzählen. Hören Sie einfach zu. Je länger Ihr Gegenüber spricht, desto besser. Wenn es fertig ist, dann bitten Sie Ihr Gegenüber einfach, alles noch einmal in umgekehrter Reihenfolge, also rückwärts, zu erzählen. Bei einer Lüge wird das nicht schlüssig funktionieren, bei der Wahrheit schon. Es sei denn, es handelt sich um Meisterlügner. Der Trick ist wirklich gut. Während wir uns eine Lüge ausdenken, sind wir derart beschäftigt, dass wir normalerweise nicht die genaue zeitliche Reihenfolge der Ereignisse behalten können. Deshalb können wir eine Lügengeschichte meistens nicht von hinten nach vorne erzählen.

Als dritter bemerkenswerter Aspekt sind da noch die Kontrollprozesse. Wir versuchen, unser Verhalten besonders zu kontrollieren und sehr souverän zu wirken, weil wir in Wirklichkeit unsicher sind. Genau diese Unsicherheit blitzt aber meistens immer wieder kurz durch und kann für einen konzentrierten Beobachter unter Umständen gut zu erkennen sein. Das zwanghafte Kontrollieren der Situation wirkt unentspannt und ist es auch.

Ich kann es nicht oft genug betonen: Bevor Sie beginnen, nach Zeichen für eine Lüge Ausschau zu halten, müssen Sie zunächst wissen, wie sich Ihr Gesprächspartner normalerweise verhält. Das nennt man kalibrieren. Reden Sie mit ihm über ganz normale Dinge. Über Themen, die keine besondere Relevanz für Sie haben. Beobachten Sie hierbei, ob er vielleicht irgendeinen Tick erkennen lässt. Schaukelt er mit dem Stuhl hin und her, spielt er mit seinem Ring oder seinen Händen? In so einem Fall kann die Tatsache, dass er damit aufhört, bedeuten, dass etwas nicht stimmt. Jetzt haben Sie den Normalzustand erfasst und eine Basis, anhand deren Sie Veränderungen festmachen können. Anstatt also nach ganz speziellen Gesten, sprich Tells, zu suchen, beobachten Sie einfach das Gesamtbild Ihres Gegenübers. Sobald Sie nur nach einzelnen Gesten suchen, beschäftigt Sie das zu sehr. Sie sind so sehr auf etwas konzentriert, dass Ihnen andere – vielleicht sehr wichtige – Signale schnell entgehen. Sie versäumen das Finden aufgrund des Suchens. Denken Sie daran: Die Energie folgt der Aufmerksamkeit. Gerade Ihre eigene Haltung bestimmt, wie sehr Ihr Gegenüber Zeichen der Nervosität zeigt oder eben nicht. Auch hier ist Fingerspitzengefühl gefragt. Sobald Sie sich selbst merkwürdig verhalten, wird Ihr Gegenüber dasselbe tun. Nicht weil es lügt, sondern weil Ihr seltsames Verhalten sich auf seine Verhaltensweise auswirkt.

Belügen Sie den Detektor

Das Entlarven wird im Polygraphtest – oft auch fälschlicherweise Lügendetektortest genannt – auch nicht anders erreicht als oben beschrieben. Zunächst werden Kontrollfragen gestellt, es wird kalibriert. Dabei werden Hautwiderstand, Atemfrequenz, Atemtiefe und Puls gemessen. Polygraphen sind hierbei alles andere als zuverlässig und werden daher in Deutschland vor Gericht nicht zugelassen. Das ist auch richtig so. In den USA sind ganze Existenzen aufgrund falscher Polygraphenanalysen vernichtet worden. Es laufen aber auch einige Straftäter frei rum, weil sie einen Polygraphen überlisten konnten. Ich selbst wurde bei einem Dreh für die Sendung «Galileo» einmal Zeuge davon, wie das funktioniert.

Man kann einen Lügendetektor belügen, indem man seinen Schließmuskel kontrolliert. Spannen Sie ihn an, wenn Sie die Wahrheit sagen, und lassen Sie locker, wenn Sie lügen. So einfach geht das. Allerdings nur, wenn derjenige, der ihn bedient, hinterm Mond lebt. Dem Hinternkneifer wird inzwischen nämlich ein Kissen untergeschoben, das die Aktivität des Schließmuskels prüft. Ja, so was gibt es, da kann man während der Befragung noch nicht mal in Ruhe seinen Stuhl zurückhalten.

Allerdings hatte eine Frau beim «Galileo»-Dreh einen noch besseren Trick parat. Jedes Mal, wenn sie die Wahrheit sagte, dachte sie an ihr unangenehme Bilder. Sie stellte sich vor, in einem brennenden Haus zu sitzen oder gerade einen Autounfall zu haben. Wenn sie log, dachte sie an etwas Schönes: einen Strandtag in den Ferien oder an guten Sex. Je emotionaler die Visualisierung verlief, desto seltener verwertbar war das Ergebnis für den Bediener des Polygraphen.

Außerdem wurde unterdessen in einigen Studien gezeigt, dass der Bediener des Polygraphen unbedingt unvoreingenommen sein muss, um die Daten richtig auszuwerten. Sobald er selbst einen bestimmten Verdacht hat, ist der Ofen aus, die Objektivität dahin. Derren Brown gibt in seinem Buch «Tricks of the Mind» ein schönes Beispiel hierzu. In einem verdeckten Test hatten Wissenschaftler vier «Experten», gestützt von einem Lügendetektor, Befragungen durchführen lassen. Sie sollten herausfinden, welcher der vier Angestellten eine Videokamera gestohlen hatte. Allerdings wurde jedem der Experten vorab gesagt, welcher der Männer besonders verdächtig sei. Jedem wurde ein anderer genannt. Die Forscher der Studie wollten herausfinden, ob sich diese Information auf die Testergebnisse auswirken würden. In Wirklichkeit war nämlich überhaupt keine Kamera gestohlen worden, und alle vier Befragten sagten die Wahrheit. Dennoch hat jeder Experte nach der Befragung seinen «Verdächtigen» als schuldig überführt.

Ein Polygraph ist auch nur eine Maschine und erkennt keine Lüge, sondern nur Unterschiede in Atmung, Puls und Hautwiderstand. Die Werte werden später von einem Fachmann analysiert. Das heißt, das Gerät kann immer nur so gut sein wie derjenige, der die Daten auswertet. Mit viel Übung kann ein Mensch die Auswertung des Polygraphen übertreffen. Aber auch hier ist Vorsicht geboten. Sobald der Beobachter nicht mehr unvoreingenommen oder gestresst ist oder einfach ein Signal übersieht, klappt das auch nicht mehr. Das ist auch einer der Gründe, warum ich solche Tests immer nur wegen ihres Unterhaltungswerts zeige. In der echten Welt machen wir alle Fehler.

Paul Ekman konnte in mehreren Experimenten zeigen,

dass Teilnehmer seines Trainings – er nennt es FACS-Training, also Facial-Action-Coding-System-Training – achtzig Prozent der Lügen entdecken konnten. Das ist eine sehr gute Quote. Anders ausgedrückt: Zwanzig Prozent der Lügen bleiben auch mit unseren heutigen Methoden unentdeckt. Wenn jemand das Lügen ausreichend strukturiert hat, wird er wahrscheinlich nicht entlarvt werden. Schließlich hat er so oft die falsche Story erzählt, dass er am Schluss selbst dran glaubt. Dann gibt es noch talentierte Lügner, die können das einfach gut. Und zum Schluss gibt es noch die Psychopathen, an denen beißt sich selbst Ekman die Zähne aus. Bei ihnen ist es unmöglich, eine Lüge zu entlarven.

Der Stoff, aus dem die Lügen sind

Nicht nur genaues Hinschauen, sondern auch genaues Hinhören lohnt sich übrigens sehr. Hier einige Punkte, auf die Sie achten sollten:

- Stimmlage. Sobald wir gestresst sind, reden wir schneller und mit höherer Stimme. Stellt jemand eine Frage in höherer Stimmlage als die desjenigen, der gerade spricht, liegt damit ein Indikator für echtes Interesse vor. Die Stimme wird übrigens dem Ranghöchsten angeglichen. Männer in einer von Frauen dominierten Gruppe reden beispielsweise in einer etwas höheren Stimmlage, um weniger aggressiv zu wirken und sich besser in die Gruppe zu integrieren.

Ein Angleichen an einen Ranghöheren wurde auch bei der Fernsehlegende Larry King beobachtet. Hatte er Gäste von höherem Status in seiner Sendung – zum Beispiel den US-Präsidenten oder Weltstars wie Mick Jagger –, dann passte er seine Körpersprache und Stimmlage augenfällig diesen Gästen an.

Ordnete er seinen gesellschaftlichen Status über dem seiner Gäste ein, dann waren sie gezwungen, ihre Stimmlage und Körpersprache an seine zu adaptieren. Und das taten die auch. Ist das nicht der Hammer?

- Weniger Details. Beim Lügen verhalten wir uns weniger spezifisch. Wir sind in unseren Beschreibungen weniger detailverliebt. Da werden Einzelheiten öfter mal ausgelassen oder nur kurz angesprochen. Fragen Sie einen Lügner nach Einzelheiten, dann wird er erst mal wahrscheinlich versuchen, genau das zu wiederholen und nur etwas mehr auszuschmücken, was er Ihnen vorher schon mal erzählt hat. Ähnlich wie meine jüngste Tochter, nachdem sie beim Spielen in die Hose gemacht hatte. Ich hatte es bemerkt und sagte zu ihr: «Deine Hose ist ja ganz nass. Hast du da aus Versehen reingepieselt?» Ihre kurze und sehr knappe Antwort: «Das war ich nicht, das war die Oma!» Ich war sehr beunruhigt deshalb. Zu diesem Zeitpunkt war sie knapp zwei Jahre alt und log schon, ohne mit der Wimper zu zucken. Hätte die Geschichte inhaltlich einen Sinn ergeben, hätte ich die Oma fast verdächtigt ... Aus dieser Richtung kommt noch einiges auf mich zu, befürchte ich.
- Das Ego. Beim Lügen wird weniger ichbezogen erzählt. Das heißt, der Lügner benutzt weniger Pronomina wie ich, mein, mich und andere mehr. Es werden eher unpersönliche Wendungen und Generalisierungen gebraucht:

«wie man weiß», «alle», «niemand» und «immer». Dadurch wird indirekt eine Distanz zwischen der aufgetischten Geschichte und der Person aufgebaut.

- Geschwindigkeit. Da der Lügner beim Lügen nachdenken und gleichzeitig viele Dinge behalten muss, spricht er oft langsamer als normalerweise. Das liegt daran, dass er nur einen Gedanken gleichzeitig denken kann. Aus diesem Grund verspricht er sich vielleicht auch öfter als sonst, und seine Art zu Reden wirkt eventuell sehr förmlich. Unter Umständen nehmen Parasiten- oder Verzögerungslaute wie Äh oder Hm zu.

All die hier vorgestellten Parameter sind natürlich nur Hilfsmittel. Man muss nur bedenken: Gute Lügner verändern ihr Verhalten vielleicht überhaupt nicht oder kaum merklich. Verschiedene Menschen lügen auch verschieden. Es gibt keine hundertprozentig verlässlichen Signale, die zum Erkennen einer Lüge führen. Selbst Verhörspezialisten sind nicht viel besser darin als Studenten, einen Lügner zu entlarven. Sie schaffen es nicht, wenn der clever und geübt ist. Spezialisten haben meist nur mehr Selbstvertrauen, und das hilft ihnen. In den meisten Fällen könnten sie genauso gut eine Münze werfen. Ihre Trefferquote liegt bei fünfundfünfzig Prozent. Nicht höher!

Trotzdem macht es Spaß, Lügen entlarven zu üben und seine Menschenkenntnis zu schulen. Lassen Sie sich nicht entmutigen, wenn es nicht auf Anhieb klappt. Aller Anfang ist schwer. Sobald Sie sich sicher sind, eine deutliche Veränderung entdeckt zu haben, könnten Sie es mit folgender Strategie versuchen: Wechseln Sie das Thema und sprechen Sie über etwas Neutrales. Schauen Sie, ob die Veränderungen jetzt wieder zu beobachten sind. Dann kehren Sie plötzlich zum pikanten Thema zurück und prüfen, ob Sie wieder etwas Ungewöhnliches beobachten können. Es müssen sich jetzt nicht dieselben Signale erneut einstellen. Es kommt nur darauf an, ob Sie etwas entdecken, das vom normalen Verhalten abweicht. Damit wissen Sie, ob es sich bei den veränderten Signalen wirklich um Verhaltensänderungen handelt, die authentisch sind, oder ob es um eine Veränderung geht, die ausschließlich auf irgendwelche äußeren Umstände zurückzuführen ist. Die alte Sitzposition war unbequem geworden, die Temperatur im Raum hat sich geändert – was auch immer die Ursachen sein könnten.

Zum Schluss möchte ich Ihnen meinen persönlichen Lieblingstipp mit auf den Weg geben. Er hat mir bei meinen Kindern herausragende Dienste geleistet. Irgendwann vor einigen Jahren habe ich meiner ältesten Tochter einmal gesagt, dass ich an ihrem Gesicht – und auch am Gesicht ihrer Geschwister – sehr deutlich erkennen könne, wenn sie mich anlüge. Das war nicht wirklich gelogen, in den meisten Fällen sehe ich es bei ihr wirklich sofort. Neugierig, wie sie ist, fragte sie mich natürlich, woran ich das sähe. Jetzt log ich sie an und sagte: «Ich sehe es an deiner Nasenspitze. Die wird jedes Mal weiß, wenn du mich anlügst.» Diese Worte hatten eine magische Wirkung auf meine Kinder. Jedes Mal, wenn sie flunkern, halten Sie sich seither die Nase zu, und wenn sie die Wahrheit sagen, betonen Sie es überdeutlich mit den Worten: «Das stimmt. Oder wird meine Nase weiß?» Wunderbar.

Wo ist die Münze?

Mit dieser Nummer können Sie Ihre Mitmenschen in den Wahnsinn treiben. Sie besteht darin, dass Sie Ihrem Gegenüber wiederholt nennen können, in welcher Hand es eine Münze versteckt hält.

Hierzu biete ich Ihnen zwei Möglichkeiten an. Die erste ist nicht zu einhundert Prozent verlässlich, dafür können Sie den Effekt so oft, wie Sie wollen, wiederholen, sofern sie greift. Die zweite Methode können Sie nicht allzu oft wiederholen, dafür ist sie fast zu hundert Prozent sicher.

- Erste Möglichkeit: Bitten Sie Ihren Partner, hinter seinem Rücken in einer Hand eine Münze zu verstecken. Sagen Sie ihm, dass Sie in diesem Fall auf seine Kooperation angewiesen seien und dass er die Münze deshalb nicht hinter seinem Rücken in seine Hosentasche stecken dürfe. Glauben Sie mir, wenn Sie das nicht sagen, passiert es immer wieder. Wie dem auch sei, Sie dürfen nicht wissen, in welcher Hand er die Münze hält. Dann soll er mit beiden Händen zur Faust geballt nach vorne kommen.

Selbst wenn Sie raten müssen, haben Sie immer noch eine Chance von fünfzig Prozent. Aber die Wahrscheinlichkeit wollen wir nicht in Anspruch nehmen. Wir wollen nicht raten, in welcher Hand sich die Münze befindet, wir wollen es wissen. Um das herauszufinden, schauen Sie Ihrem Mitspieler nicht – wie man vielleicht vermuten könnte – in die Augen, sondern auf die Nasenspitze! Egal, wohin die Augen schauen, die Nasenspitze zeigt fast immer unmerklich zu der Hand, in der sich die Münze befindet. Ich glaube, dass liegt daran, dass wir unbewusst auf die «heiße» Hand schauen wollen, uns dabei aber nicht mit den Augen verraten wollen. Das Gesicht – und damit auch die Nase – weist daher meistens in Richtung Hand mit der Münze. Da Ihr Gegenüber nicht weiß, dass die Nasenspitze auf die Münze zeigt, können Sie diesen Tell immer wieder verwenden, das funktioniert offensichtlich.

- Zweite Möglichkeit: Wenn es nicht so funktioniert wie oben beschrieben, habe ich noch eine zweite, sehr verlässliche Methode. Geben Sie Ihrem Mitspieler wieder eine Münze in die Hand. Jetzt sagen Sie ihm, dass Sie sich gleich umdrehen werden. Sobald Sie mit dem Rücken zu ihm stehen, soll er sich entscheiden, in welche Hand er die Münze gibt. Mit dieser Hand soll er nun an seine Stirn greifen und intensiv an die Münze sowie die Hand denken. Nach ungefähr zehn Sekunden intensiven Denkens soll er dann beide Hände nach vorne ausstrecken und Ihnen sagen, dass Sie sich wieder umdrehen können. Wenn Sie sich umdrehen, steht vor Ihnen also ein Mensch mit zwei nach vorn ausgestreckten Armen. Sie können ihm jetzt wiederholbar und mit fast hundertprozentiger Sicherheit sagen, in welcher Hand sich die Münze befindet. Dazu achten Sie einfach auf seinen Handrücken. Die Hand, die er zehn Sekunden an seine Stirn gehalten hat, wird nämlich blutleerer sein und damit heller, das heißt weniger rosa oder rot. Die Adern treten im Vergleich zur anderen Hand, die er ja nach unten gehalten hat, nicht so stark hervor.

Das Schöne an der Nummer ist, dass Sie tatsächlich an diesen Anzeichen ablesen können, in welcher Hand sich die Münze befindet. Es sind halt nur ganz andere Merkmale, die wichtig sind, als Ihr Zuschauer denkt. Bei diesem Trick kommt alles zur Anwendung, was ich im Kapitel über Gesichter lesen und auch Lügen erkennen geschrieben habe: Sie beobachten genau. Sie kalibrieren, indem Sie schauen, welche Färbung die Hand vorher hatte, Sie konzentrieren sich ganz auf Ihr Gegenüber.

Es gibt übrigens eine Bedingung, unter der die Nummer nicht klappt: Kälte. Ich drehte vor einigen Jahren mit Ingo Nommsen für das ZDF einen Beitrag. In der Sequenz sollte ich zunächst eine Stecknadel finden, die im Botanischen Garten von München versteckt war. Danach sollte ich dann dem Moderator einen Trick zeigen, den er selbst später anwenden wollte. Ich entschied mich für die gerade erklärte Nummer. Was ich nicht bedacht hatte: Es war Winter. Fast alle Leute hatten Handschuhe an oder hatten so kalte Hände, dass die Handrücken sowieso knallrot waren. Dieser Tipp ging demnach komplett daneben.

Magie der Worte

«Gerade Worte im – oder auch: womit gerade er.» Ein komischer Satz ist das, was soll der Wortsalat denn bedeuten? Ganz einfach, es geht mir an dieser Stelle nur darum, Ihnen zu zeigen, wie wir durch Wortdreher Bedeutungen verändern können. Plötzlich ist ein neuer Blickwinkel da. Dadurch ändert sich der Satz nicht wirklich, er signalisiert nur etwas völlig anderes. Genau das mache ich jetzt. Durch einen kleinen Dreh komme ich zur «Magie der Worte». Dafür muss in der Überschrift kein Buchstabe hinzugefügt oder weggenommen werden. Einfaches Umstellen genügt, und schon ist die Bedeutung eine andere. Die Welt ist das, wofür wir sie halten.

Sprache schafft Bewusstsein, sie ist die Kleidung unserer Gedanken, und die macht schließlich Leute. Diese Erkenntnis ist bei weitem nicht neu. In George Orwells Roman «1984» schreibt etwa die politische Kaste eine offizielle Sprache vor. Der Staat bestimmt hier, was gedacht werden soll. Das ist Sprachbildung von oben par excellence. Und findet übrigens in gewisser Weise überall statt. Bei Begriffen wie «Menschen mit Migrationshintergrund», «Auszubildende» und «Farbige». Das sind solche Fälle.

Sprache schafft Bewusstsein, macht Meinungen. Umfragen in verschiedenen Ländern zeigten das. Hier wurden Bürger in einer Studie zum Beispiel gebeten, die Eigenschaften eines Tischs zu beschreiben. Es ging um keinen konkreten Tisch, sondern einfach um den Gegenstand an sich. Das verblüffende Ergebnis: Die, in deren Sprache das

Wort «Tisch» einen männlichen Artikel hatte – wie wir Deutschen –, schrieben der Sache hauptsächlich männliche Eigenschaften zu wie «robust». Die Franzosen dagegen verbanden ihn mit eher weiblichen Attributen, entsprechend dem Artikel.

Da ich Sprache studiert habe und davon lebe, Menschen mit Worten zu unterhalten und zu inspirieren, liegt sie mir sehr am Herzen. Gerade der Perspektivenwechsel, der damit gesteuert werden kann, hat's mir angetan.

Damit schafft man es beispielsweise auch, den wahren Wert einer Sache zu erkennen.

Eine Geschichte, die das sehr schön zeigt, ist folgende: Auf einer abgelegenen Südseeinsel lauschte ein Schüler aufmerksam der Erzählung der Lehrerin, die gerade erklärte: «Die Geschenke, die wir uns manchmal machen, sollen uns an die Liebe erinnern. Mit Gaben zeigen die Menschen, dass sie sich lieben.» Am nächsten Tag schenkte der Junge seiner Lehrerin eine Muschel von ausgesuchter Schönheit. Nie zuvor hatte sie etwas Schöneres gesehen. «Wo hast du denn diese wunderschöne und kostbare Muschel gefunden?», fragte sie ihren Schüler. Der Junge erklärte, dass es nur eine einzige Stelle auf der anderen Seite der Insel gebe, an der man gelegentlich eine solche Muschel finden könne. Etwa zwanzig Kilometer entfernt sei diese versteckt liegende kleine Bucht zu finden. «Sie ist einfach zauberhaft», sagte die Lehrerin. «Ich werde sie mein Leben lang bewahren und dich deshalb nie vergessen. Aber du hättest nicht so weit laufen sollen, nur um mir ein Geschenk zu machen.» Mit leuchtenden Augen sagte der Junge: «Der lange Weg ist ein Teil des Geschenks.»

Ist die Geschichte eines unbekannten Autors nicht berührend schön? Nachdem ich davon in einem Seminar erzählt hatte, meinte einer der Teilnehmer: «Das, was du im Leben bekommst, ist immer so wertvoll wie das Opfer, das du dafür gebracht hast.» So ist es. Die Uhr, die wir zum Abitur geschenkt bekommen, ist vielleicht billiger als die, die wir uns später leisten können, aber dennoch wertvoller.

Perspektivenwechsel macht cool

Wenn ich abends ins Badezimmer komme und ein verschnoddeltes Waschbecken mit Lillifee- und Käpt'n-Sharky-Zahnpastaresten inklusive verschmiertem Spiegel vorfinde – und das fand ich eine Zeitlang jeden Abend so vor –, kann es sein, dass mich das ärgert. Heute kommt es nur noch selten vor. Nicht das Verschmiertsein, sondern das Ärgern. Ich denke mir heute nämlich: «Cool, die Kinder haben von sich aus daran gedacht, sich die Zähne zu putzen.» So ist mein Leben gleich sehr viel angenehmer. Fallen Ihnen auch Beispiele aus Ihrem Leben ein, in denen diese Art zu denken Ihnen weiterhelfen könnte? Es kann aber auch in seltenen Fällen richtig sein, seine Perspektive nicht zu verändern. Nämlich dann, wenn man überaus zufrieden und glücklich ist. Freilich muss man das in diesem Moment auch erkennen…

Ein Manager kam in seinem Angelurlaub an einen großen See. Dort saß ein Indianer und fischte. «Was machst du da?», fragte er. «Nun, ich sitze hier und angele», war seine Antwort. «Wenn du zwei Angeln benutzen würdest, könntest du mehr Fische fangen.» – «Warum sollte ich das tun?» – «Dann hättest du mehr Geld und könntest dir bald ein Boot kaufen.» – «Und dann?» – «Dann könntest du noch jemanden einstellen, der dir hilft, und du würdest noch mehr Geld verdienen.» – «Und dann?» – «Dann könntest du irgendwann sogar eine Fischfabrik haben und sehr viel Geld einnehmen.» – «Und warum sollte ich das wiederum tun?» – «Dann könntest du ganz gemütlich auf den See schauen und angeln.» – «Aber das tue ich doch jetzt schon», sagte der Indianer.

Das war's

Wir haben in diesem Buch viele Methoden der Beeinflussung kennengelernt. Wie bei allem, so kommt es auch hier darauf an, was man daraus macht. Klar, Sie können sie natürlich nutzen, um andere für sich einzunehmen und dabei nur an Ihre Vorteile denken. Damit hätte dieses Buch aber sein Ziel verfehlt, denn genau darum ging es mir beim Schreiben eben *nicht*.

Ich persönlich finde Manipulation in dem Moment, in dem sie im Alltag als Waffe benutzt wird, abstoßend. Ab dann steigen wir als «Manipulateure» hinab auf die Stufe von windigen Geschäftsleuten, Kaffeefahrtenverkäufern und selbsternannten Heilsverkündern. Was Sie persönlich aus diesen Methoden machen, müssen Sie ganz subjektiv entscheiden. Mir ist bei meinen Vorträgen – und auch beim Schreiben dieses Buchs – erneut eins klargeworden: Sowohl im Privaten als auch im Geschäftlichen geht es um mehr als um die reine Möglichkeit der Beeinflussung. Es geht um Vertrauen, Neugierde, Leidenschaft, Nähe. Es geht um all die Dinge, die unser Herz tanzen lassen, wenn wir glückliche, lachende Kinder sehen. Es geht nicht um Angst!

Ich glaube – und das ist meine ganz persönliche Meinung –, dass alle Kontrollfreaks aber genau aus dieser Angst heraus handeln. Sie haben Angst vor ihrer eigenen Stärke, sie haben Angst davor, verletzt zu werden, wenn sie ihr Ziel nicht erreichen. Kommt so jemand dennoch an sein Ziel, ist er nur am Ziel angekommen, gewonnen hat er deshalb noch lange nicht. In dem Moment fehlt ihm nämlich etwas ganz Wesentliches: Erfüllung. Wenn alle Macht von innen kommt, dann ist Erfolg ohne Erfüllung kein Erfolg.

Wie können wir es schaffen, uns vor diesen Methoden selbst zu schützen, damit sie keine gegen uns gerichtete Waffe werden? Diese Frage wird mir regelmäßig gestellt. Nun, zunächst hilft es natürlich zu wissen, welche Mittel der Einflussnahme es gibt und wie diese Methoden angewendet werden können. Erst durch dieses Wissen können Sie frei entscheiden, ob Sie sich darauf einlassen wollen oder nicht. Ein zweiter wesentlicher Faktor ist die Stärke – und die kommt immer von innen!

Nur Sie haben die Macht, Ihr eigenes Erleben zu schaffen. Ich wünsche mir und Ihnen, liebe Leser, dass wir diesem Ziel durch dieses Buch einen Schritt näher kommen werden.

Unsere tiefste Angst ist nicht, dass wir ungenügend sind.
Unsere tiefste Angst ist, über die Maßen stark zu sein.
Es ist unser Licht, nicht unsere Dunkelheit,
das uns am meisten Angst macht.

[...]

Dich selbst klein zu halten, dient nicht der Welt.
Es ist nichts Erleuchtetes daran, dich kleinzumachen,
damit andere um dich herum sich nicht unsicher fühlen.

Wir sind alle dazu bestimmt, zu leuchten wie es Kinder
tun.

[...]

Es ist nicht nur in einigen von uns, sondern in jedem Ein-
zelnen. Und wenn wir unser eigenes Licht scheinen lassen,
geben wir unbewusst anderen Menschen die Erlaubnis,
dasselbe zu tun.

Wenn wir uns von unserer eigenen Angst befreit haben,
befreit unsere Gegenwart automatisch andere.

(aus: A Return to Love: Reflections on the Principles of «A Course in
Miracles» von Marianne Williamson)

Dank

An Carlotta, Vincent und Marlena, die mir jeden Tag zeigen, wie schön es sein kann, beeinflusst zu werden.

An Christiane, nach mehr als sechzehn Jahren, drei Kindern und den besten Momenten meines Lebens. Du bist die Frau, die nichts verspricht und trotzdem alles hält.

An Mama, die wirklich immer für mich da ist. An Papa für seine Inspiration.

An Ulrike Meiser für schönere Texte, an Barbara Laugwitz für gute Ideen und offene Ohren.

An Marc Stöckel, Bernd «Freundschaft» Kreiger (DSidDg), Beppo Bourdillon für meine Werte, Frau Bitz, Helmut Dischler, Rolf Steinhauser, Christoph Schultheiß für coole Licks und Terzen, Dirk Eckert, Töne Stallmeyer für seinen Glauben an mich, gute Texte und Serien, Till Hohender für seine konstruktive Art, erst mal grundsätzlich alles anzuzweifeln und mich so zu einem besseren Entertainer zu machen.

An Matze Fischedick, Michael Rossié, Harold und Angelika Voit – unter anderem für jedes Bier und Hähnchen. An Vincent Chase und seine Entourage, Markus «pffrrrt pffrrrt» Beldig, Jerry Seinfeld, Familie Inteeworn in New York, Satori, Markus Lenzen. Ein gesondertes Dankeschön an Dr. Andreas Durstewitz für die Geschichte.

An meine Leser und Zuschauer. Ohne euch würde es meine Bücher und Programme nicht geben.

Literaturverzeichnis

Bücher

Benesch, Hellmuth/Schmand, Walther (1981): «Manipulation und wie man ihr entkommt», Frankfurt.

Bornhäußer, Andreas (2001): «Präsentainment. Die hohe Kunst des Verkaufens», Bergheim.

Brown, Derren (2007): «Tricks of the Mind», London.

Cialdini, Robert B. (1997): «Die Psychologie des Überzeugens», Bern.

Ekman, Paul (2004): «Gefühle lesen. Wie Sie Emotionen erkennen und richtig interpretieren», Heidelberg.

Gottman, John M. (2002): «Die 7 Geheimnisse der glücklichen Ehe», Berlin.

Greene, Robert (2006): «Power: die 48 Gesetze der Macht», München.

Pink, Daniel H. (2010): «Drive. Was Sie wirklich motiviert», Salzburg.

Stanley Milgram (1974): «Obedience to Authority. An Experimental View», New York.

Sheehy, Gail (1977): «Passages: Predictable Crises of Adult Life», New York.

Tepperwein, Kurt (1985): «Die hohe Schule der Hypnose», München.

Watzlawick, Paul/Beavin, Janet H./Jackson, Don D. (1969): «Menschliche Kommunikation – Formen, Störungen, Paradoxien», Bern.

Wiseman, Richard (2008): «Quirkologie: Die wissenschaftliche Erforschung unseres Alltags», Frankfurt.

Williamson, Marianne (1992): «A Return to Love: Reflections on the Principles of ‹A Course in Miracles›», New York.

Studien

Forer, Bertram R. (1949): «The fallacy of personal validation: A classroom demonstration of gullibility», in: *Journal of Abnormal and Social Psychology*, 44(1), 118–123.

Hartmann, A. Arthur/Nicolay, Robert C./Hurley, Jesse (1968): «Unique personal names as a social adjustment factor», in: *The Journal of Social Psychology*, 75, 107–110.

Knouse, Stephen B. (1983): «The Letter of Recommendation: Specificity and Favorability of Information», in: *Personal Psychology*, 36(2), 331–341.

Kunz, P. R./Woolcott, M. (1976): «Season's greetings: From my status to yours», in: *Social Science Research*, 5(3), 269–278.

Libet, Benjamin (1999): «Do We Have Free Will?», in: *Journal of Consciousness Studies*, 6(8–9), 47–57.

Moritary, Thomas (1975): «Crime, Commitment, and the Responsive Bystander», in: *Journal of Personality and Social Psychology*, 31(2), 370–376.

Niederhoffer, Kate G./Pennebaker, James W. (2002): «Linguistic Style Matching in Social Interaction», in: *Journal of Language and Social Psychology*, 21(4), 337–360.

O'Conner, Robert D. (1972): «Relative Efficacy of Modeling, Shaping and the Combined Procedures for Modification of Social Withdrawal», in: *Journal of Abnormal Psychology*, 79, 327–334.

Stewart, John E. II (1980): «Defendant's attractiveness as a factor in the outcome of criminal trials», in: *Journal of Applied Social Psychology*, 10(4), 384–361.

Strohmetz, David B./Rind, Bruce/Fisher, Reed/Lynn, Michael (2002): «Sweetening the Till: The Use of Candy to Increase Restaurant Tipping», in: *Journal of Applied Social Psychology*, 32(2), 300–309.

Warriner, K./Goyder, J./Gjertsen, H./Horner, P./McSpurren, K. (1996): «Charities, no; lotteries, no; cash, yes», in: *Public Opinion Quarterly*, 60, 542–562.

Wilson, Paul R. (1968): «Perceptual distortion of height as a function of ascribed academic status», in: *The Journal of Social Psychology*, 74(1), 92–102.

Links

Die Bunte (2011):

http://www.bunte.de/lifestyle/fashion/michelle-obama-ihr-kleid-ist-
von-hundm_aid_22908.html

Die Welt (2010):

http://www.welt.de/die-welt/wissen/article10103151/Glueckliche-
Menschen-sprechen-die-gleiche-Sprache.html

Die Welt (2011): http://www.welt.de/print/welt_kompakt/print_wis-
sen/article12149167/Wissen-Kompakt.html

*Neue Zürcher Zeitung (*2009):

http://www.nzzfolio.ch/www/d80bd71b-b264-4db4-
afd0-277884b93470/showarticle/4811c806-398b-43cb-9ebb-
a9164462e76d.aspx

Spiegel online (2004):

http://www.spiegel.de/unispiegel/wunderbar/0,1518,310548,00.
html

Süddeutsche Zeitung (2007a):

http://jetzt.sueddeutsche.de/texte/anzeigen/356994

Süddeutsche Zeitung (2007b):

http://www.sueddeutsche.de/leben/vornamen-und-vorurteile-dirk-
und-birgit-sind-doof-1.250906

Süddeutsche Zeitung (2009):

http://www.sueddeutsche.de/kultur/videokolumne-speak-schneider-
in-teufelins-kueche-1.456064

Lied

Enno Bunger (2010): Ein bisschen mehr Herz, Hamburg.